JN096900

2024年版

重★要★論★点★攻★略

中小企業診断士試験

ニュー・クイックマスター

経済学・経済政策

中小企業診断士試験クイック合格研究チーム
山本 桂史

1

同友館

はじめに
—— 中小企業診断士試験を受験される皆様へ ——

中小企業診断士とは

　中小企業診断士は中小企業が健全な経営を行うために、適切な企業診断と経営に対する助言を行う専門家で、「中小企業支援法」に基づいた国家資格です。その資格の定義として、一般社団法人中小企業診断協会のホームページ上で、「中小企業診断士制度は、中小企業者が適切な経営の診断及び経営に関する助言を受けるに当たり、経営の診断及び経営に関する助言を行う者の選定を容易にするため、経済産業大臣が一定のレベル以上の能力を持った者を登録するための制度」としています。そして、その主な業務は「現状分析を踏まえた企業の成長戦略のアドバイス」であり、専門的知識の活用とともに、企業と行政、企業と金融機関等のパイプ役、中小企業への施策の適切な活用支援まで、幅広い活動に対応できるような知識や能力が求められています。

中小企業診断士試験の1次試験とは

　診断士の資格を得るためには、一般社団法人中小企業診断協会が行う診断士試験に合格しなければなりません。試験は1次試験の合格が必須で、合格後は①筆記の2次試験を受験し合格する、②独立行政法人中小企業基盤整備機構もしくは登録養成機関が実施する養成課程を修了する、のいずれかをクリアしなければ最終的な資格取得にはなりません。

　いずれにせよ、資格取得のためには診断士1次試験の突破は必要で、その受験科目は診断士として必要な学識を問う7科目で、〔A経済学・経済政策　B財務・会計　C企業経営理論　D運営管理（オペレーション・マネジメント）E経営法務　F経営情報システム　G中小企業経営・中小企業政策〕といった多岐にわたる筆記試験（多肢選択式）になっています。

1次試験突破に向けた本書の活用法

　このニュー・クイックマスターシリーズは、中小企業診断士1次試験7科目の突破に向け、できる限り効率的に必要な知識をマスターしていく、そこにウエイトを置いて編集されています。すなわち、7科目という幅広い受験科目の

中で試験に出やすい論点を重視し、網羅性や厳密さより学習する効率性や最終的な得点に結びつく効果を重視しています。そのため、財務・法務・情報システムのように別の資格試験では、さらに専門性が問われ、詳細な説明が必要とされている部分も、診断士1次試験に必要な部分だけに的を絞り、それ以外を思い切って削っています。

　本書は、各教科の項目ごとに必要な章立てがあり、そこでよく問われる（問われる可能性がある）項目を「論点」として掲げ、その【ポイント】で一番重要な部分を示し、本文の中で「論点を中心に必要な解説および図表」といった構成になっています。さらに【追加ポイント】と【過去問】で受験対策へのヒントを示しています。過去の試験で問われた箇所がわかることで、試験対策のイメージが湧き対策も練れることと思います。

　本書が思い切って網羅性よりも効率性を優先させた分、受験生である皆様の理解度や必要に応じて、本書の空きスペースに書き込むといった「自分の虎の巻である参考書」を作ることをお勧めします。理解への補足説明が必要な際は、インターネットや市販の書籍を通じ、知識の補完を本書に書き込むセルフマネジメントを試み、自分の使えるオリジナル参考書にしてください。

　本書では、**頻出論点をクイックに押さえるために、各論点に頻出度をA、B**でランク付けしています。原則として、令和元年度から令和5年度の過去5年間で5回以上、または令和5年度出題かつ4回以上を「A」、3回以上を「B」としています。

　併せて、令和4年度と令和5年度の1次試験の中で、今後も出題が予想される頻出論点の問題には解答・解説を掲載しました。まずはこの問題から押さえてください。

　1次試験は、あくまで中小企業診断士の資格取得までの通過点に過ぎません。診断士試験は、限られたご自身の時間という経営資源を、より効果的・効率的に使い、あきらめずに真摯に立ち向かえば、必ず合格できる試験です。何よりもそんな時の頼れるパートナーでありたい、そんな本書をいつでも手元に置き、試験突破に向けてフル活用していただき、次のステップへ駒を進めてください。

ニュー・クイックマスター「経済学・経済政策」に関して

　「経済学・経済政策」は、企業経営を取り巻く"外部環境"を分析するうえで必要な知識を中心とした科目です。企業経営は、企業自身の経営努力だけでなく、企業を取り巻く外部環境によっても大きく変動します。このような外部環境の変化を正確に見極め、適切に対処することが、中小企業診断士に求められています。「経済学・経済政策」は、一国全体の経済活動を扱うマクロ経済学と一消費者、一企業と一市場について扱うミクロ経済学の2つの柱から成り立っています。

【マクロ経済学】

　マクロな(巨視的)視点で見る、大きな経済のメカニズムを総合的に分析する学問です。たとえば、景気が悪いときに政府はどのような対策をとればよいかなどの問題を取り扱います。マクロ経済学は、国民の自由な経済活動のみによる競争原理は完全に機能するとは限らないというケインズ派の考えを前提としています。

【ミクロ経済学】

　ミクロな(狭い)視点で見る、家計や企業や政府など、個別の経済主体の経済活動を分析する学問です。ミクロ経済学は、土地・労働・資本という有限な資源を最も効率的に配分するのが自由な競争市場であり、政府が介入しなくても市場のメカニズムに任すことで機能するという考えを前提としています。

　「経済学・経済政策」は、すべての領域において1次試験のみの出題です。ただし、身近な例えに置き換えにくい論点が多く、またグラフや数式が多数出てくるなど、経済学を初めて勉強される方にとっては、なじみが薄い科目かもしれません。本試験においても難易度のバラつきが大きく、場合によっては難易度の高い問題が出題されることもあります。ただし、基本的な論点を確実に押さえることで合格に必要な点数を取ることは可能です。

　ニュー・クイックマスター「経済学・経済政策」では、範囲が広く、初学者にとってなじみが薄い本科目について、最低限ここだけは覚えておきたいポイントを重点的に解説しています。本書の内容を理解することで、試験突破に必要な知識を身につけることができます。

中小企業診断士試験クイック合格研究チーム

山本　桂史

【目　次】

Ⅱ ミクロ経済学 107

＊頻出論点をクイックに押さえるために、各論点に頻出度をA、Bでランク付けして記載している。
　原則として、令和元年度から令和5年度の過去5年間で5回以上、または令和5年度出題かつ4回以上を「 A 」、3回以上を「 B 」としている。
＊IS-LM曲線は、マクロ経済学【論点6〜11】を1つの論点と見なし、頻出度をAと考えてよい。

序 章

「経済学・経済政策」の過去問対策

1	令和5年度1次試験の分析
2	令和5年度の**重要・頻出問題**にチャレンジ
3	令和4年度の**重要・頻出問題**にチャレンジ

（おことわり）
本書では2023年8月5日、6日開催の1次試験について解説をしています。沖縄地区における再試験は出題数等に反映しておりません。

1 令和5年度1次試験の分析

1 総評

- 問題数は過去20年間同様、25問であった。大設問数は22で令和4年度より増加した。令和3年度に従来の4択問題から大部分が5択問題となり、令和4年度につづき令和5年度も同様に大部分が5択問題となった。
- マクロ経済学の問題数が14（昨年度12）、ミクロ経済学の問題数が11（昨年度13）であった。冒頭の統計指標のグラフを問う問題数は例年どおり2問であった。

　本年度の出題難易度は昨年度と同等と考えられる。昨年度につづき主要な論点の問題も本質的な理解が求められるようになっている。合格ラインの得点確保には、繰り返し出題される主要論点や難易度の低い問題で確実に正解する必要があった。

2 全体概況

問題数	問題数：25 例年25問で安定している。総ページ数は26であった。
出題形式	5択問題が23問、4択問題が2問であり、5択問題が多くなった令和3年度からの傾向が続いた。グラフ・計算・表を絡めた問題数は例年どおりの傾向であった。
出題分野	マクロ経済学は従来どおり幅広い論点を問われる傾向であった。近年集中した出題があった「各種の経済統計」【論点4】については今年度も出題があった。 ミクロ経済学においては、出題範囲の集中は見られなかった。
難易度	一部難易度が高い出題があったことに加え、主要な論点の問題にも本質的な理解を求められ、難易度は昨年度と同等と考えられる。過去問題をベースに経済学の理解を深める対策が有効と考えられる。合格ラインの確保には、繰り返し出題される主要論点や難易度の低い問題で確実に正解する必要があった。

【マクロ経済学】

今年度はマクロ経済学から、25問中14問が出題された。基本的な論点を問う問題が数多く出題され、例年どおりの難易度であった。

経済統計に関する問題が例年どおり第1問・第2問にて出題された。第1問は各国・地域のGDPにまつわる統計で、基本的な内容を問う問題であった。第2問は、日本の経常収支に関する問題であり、国内の主要な動向を把握することで正答にたどり着くことが可能であった。第3問の金融資産構成については基本的な知識で正答を導くことが可能であり、得点したい問題であった。第4問はGDPに含まれる要素に関する問題であり、基本的な知識を問う難易度の低い問題であった。第5問は物価指数に関する問題であり、正確に言葉の定義を押さえておく必要があり、若干難易度が高い問題であった。第6問は景気動向指数に関する問題であり、暗記が必要な知識問題であった。

第7問は45度線分析に関する問題であり、基本的な内容を問う難易度の低い問題であった。第8問は（設問1）（設問2）いずれもIS/LM曲線に関する基本的な問題であり、正答したい問題であった。

第9問は変動為替レート制に関する問題であり、一部判断に迷う選択肢があったため若干難易度が高い問題であった。第10問は（設問1）（設問2）ともにマンデル＝フレミングモデルに関する問題であり、本質的な理解を求められる内容のため若干難易度が高い問題であった。

第11問は（設問1）（設問2）ともに国債に関する問題であり、（設問1）は基本的な内容を問う難易度が低い問題であったが、（設問2）は細かい論点を問う若干難易度の高い問題であった。

【ミクロ経済学】

今年度はミクロ経済学から、25問中11問が出題された。基本的な論点から出題された一方で一部応用問題や判断に迷う選択肢が上げられており、難易度は昨年度と同等と考えられる。

第12問は消費者余剰に関するグラフであり、基本的な内容であった一方で一部選択肢の解釈が難しかったため、若干正答率が低かったと考えられる。第13問も消費者余剰、生産者余剰に関するグラフ問題であったが、難易度は高くなかった。

第14問は費用曲線に関する問題で、基本的な知識を押さえていれば正答することが可能であった。第15問は等産出量曲線に関する図表問題であり、難易度は低かった。

第16問は所得効果、代替効果に関する問題であったが、本質的な理解が必要なうえに細かい論点を問う問題であり難易度が高かった。第17問の外部不経済の内部化、第18問のモラルハザードについてはいずれも基本的な知識を問う問題であり難易度が低かった。

第19問は独占市場における余剰分析問題であったが、こちらも難易度は低く、正答したい問題であった。第20問は労働市場における需要／供給曲線の余剰分析問題であったが、応用的な内容であり、難易度が

高かった。

第 21 問は貿易の自由化による余剰分析問題であり、難易度が若干高かった。第 22 問は頻出のゲーム理論に関する問題であったが、難易度が低く正答したい問題であった。

③ 頻出分野と対策

問題No・出題分野	分析と対策
第 1 問 **第 2 問** **第 3 問** **第 4 問** **第 5 問** 国民所得概念と国民経済計算各種の経済統計（マクロ経済学【論点 1、4】）	【分析】 ● 第 1 問は各国の GDP に関する問題であった。日々の経済ニュースなどで基本的な内容を押さえることで正答できる問題であった。 ● 第 2 問は日本の経済収支、第 3 問は日米の金融資産構成に関する問題であり、こちらも日々のニュースなどで時事問題や大きな動向を押さえておくことで正答を導くことが可能であった。 ● 第 4 問は国民経済計算に関する出題であった。令和 3 年度にも同様の形式で出題されている頻出の分野であり、確実に知識を押さえて正答したい問題であった。 【対策】 ● 日頃から新聞などを通じて経済情報に対する感度を高めておく姿勢が求められる。特にリーマンショック、コロナショックなど特徴的な転換点や推移、その後の経済政策などを押さえておくことが望まれる。 ● 頻出の GDP 関連指標は定義を正確に把握する必要がある。
第 7 問 貯蓄と投資総需要と総供給（マクロ経済学【論点 2、3】）	【分析】 ● 45 度線分析は、平成 30 年度から 6 年連続で出題となっている。 ● 第 7 問は基本的な知識を問う内容であり、得点したい問題であった。 【対策】 ● 引き続き 45 度線分析は頻出の範囲となるため、式から図の関係性、言葉の意味まで正確に把握し、得点源としたい。

第10問 **(設問1、2)** 国際収支と為替変 動②マンデル＝フ レミング・モデル （マクロ経済学 【論点17】）	【分析】 ●第10問はマンデル＝フレミングについての問題であり、 　本質的な理解を求められる若干難易度が高い問題であった 　が、頻出分野であり今年度も2問出題されているため、確 　実に知識を押さえ得点源にしたい問題であった。 【対策】 ●マクロ経済学【論点17】を参照し、言葉の定義と基本的な 　考え方を確実に押さえておきたい。
第12問 **第13問** 需要・供給・ 弾力性の概念 （ミクロ経済学 【論点1】）	【分析】 ●第12問、第13問ともに余剰分析に関する出題で、一部選 　択肢に判断に迷うものがあったが、内容としては基本的な 　ものであり、得点したい問題であった。 【対策】 ●本書のA、B論点について確認し、基礎的な問題については 　正答できるよう対策が望まれる。
第15問 利潤最大化仮説、 生産関数と限界生 産性、等費用線 （ミクロ経済学 【論点13】）	【分析】 ●第15問は等産出量曲線に関する出題であり、基本的なグ 　ラフの読み取り等、難易度は低く確実に得点したい問題で 　あった。 【対策】 ●基本知識をつけ、用語と図が表す意味を理解しておくこと 　が求められる。
第22問 ゲームの理論 （ミクロ経済学 【論点9】）	【分析】 ●第22問はゲームの理論についての出題で、基本的な知識 　で正解にたどり着ける問題であり、確実に得点したい問題 　であった。 【対策】 ●ゲームの理論については最近はひねった出題がないため、 　基本的な知識を習得し、出題された際は確実に得点できる 　ようにしたい。

④ 60点攻略のポイント ～『ニュー・クイックマスター』を使ってできること～

早期の習得に使える！

● 経済学・経済政策は、マクロ経済・ミクロ経済に関する体系的な理解が必要な科目であり、出題範囲は概ね毎年変わらないため学習しやすい科目である。また、経済学・経済政策は2次試験に直結する科目ではないため、学習に割ける時間は限られており、効率的な学習が重要である。『ニュー・クイックマスター』はこの点を鑑み、60点突破に必要な最低限の重要論点をコンパクトに記述することで初学者に取っ付きやすく、早期の習得が可能な構成となっている。

頻出論点を繰り返し学習することがカギ！

● 『2024年版 ニュー・クイックマスター 経済学・経済政策』では、基本的に過去5年の中で5回以上または令和5年度出題かつ4回以上取り上げられた論点をA、3回以上取り上げられた論点をBとしている。今年度も頻出論点からの出題が多く、AおよびB論点で70%超の得点範囲をカバーしている。このため、効率的な学習で合格得点圏を目指すには、手を広げすぎずAおよびBの頻出論点を中心に繰り返し学習を行うことが重要である。

得点できる問題を識別できるようになる！

● 経済学・経済政策の本試験で合格得点圏の60%を確保するには、60分と限られた時間の中で問題の難易度を読み取り、得点できる問題から解答していくことが必須となる。重要な論点は、過去の本試験において繰り返し同じような出題がされる傾向があるため、AおよびBの頻出論点の出題のされ方を理解しておくことで、本試験で得点できる問題を識別し、合格得点を確保してほしい。

2 令和5年度の重要・頻出問題にチャレンジ

国民所得概念と国民経済計算

頻出度
A

→ p.42

■ **令和5年度　第4問**

　国民経済計算において GDP に含まれる要素として、最も適切な組み合わせを下記の解答群から選べ。

a　農家の自家消費

b　持ち家の帰属家賃

c　家庭内の家事労働

d　政府の移転支出

〔解答群〕
　ア　aとb
　イ　aとc
　ウ　aとd
　エ　bとc
　オ　bとd

解答	ア

■ **解説**

　国民経済計算の基本的な内容を問う問題である。

　令和3年度にも同じ形式でGDPに含まれる要素を問う問題が出題されているため、確実に押さえておきたい内容である。

　　a：農家の自家消費はGDPに<u>含まれる</u>

　　b：持ち家の帰属家賃はGDPに<u>含まれる</u>

　　c：家庭内の家事労働はGDPに含まれない

　　d：政府の移転支出はGDPに含まれない

以上より、aとbの組み合わせであるアが正解である。

貯蓄と投資

■ **令和5年度　第7問**

　下図は、45度線図である。この図において、総需要は$AD = C + I$（ただし、ADは総需要、Cは消費支出、Iは投資支出）、消費関数は$C = C_0 + cY$（ただし、C_0は基礎消費、cは限界消費性向（$0 < c < 1$）、YはGDP）によって表されるとする。この図に関する記述の正誤の組み合わせとして、最も適切なものを下記の解答群から選べ。

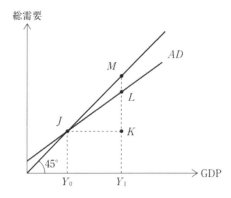

a　投資支出が増えると、AD線の傾きは急になる。

b　投資支出がLMだけ増加するとき、投資支出乗数の大きさはLM/KMである。

c　投資支出がLMだけ増加するとき、GDPはY_0からY_1に増え、消費支出はLKだけ増加する。

d　AD線の傾きが緩やかになると、投資支出乗数は小さくなる。

〔解答群〕

　ア　a：正　　　b：正　　　c：正　　　d：誤

　イ　a：正　　　b：誤　　　c：誤　　　d：誤

　ウ　a：誤　　　b：正　　　c：誤　　　d：正

　エ　a：誤　　　b：誤　　　c：正　　　d：正

　オ　a：誤　　　b：誤　　　c：正　　　d：誤

解答	エ

■ 解説

45度線図に関する出題である。

a：<u>不適切</u>である。

　投資支出が増えた場合、AD線の傾きは不変である。この場合、AD線は上方に平行に移動する。

b：<u>不適切</u>である。

　投資支出乗数の大きさは以下の式で表される。

　　$⊿Y/⊿I=JK/LM=KM（※）/LM$

　　※45度線図のため$JK=KM$となる。

　　　選択肢は分母と分子が逆になっているため不適切である。

c：<u>適切</u>である。

　記載のとおりである。

d：<u>適切</u>である。

　記載のとおりである。

以上より、a、b、c、dの正しい組み合わせであるエが正解である。

各種の経済統計

➡ p.54

■ **令和5年度　第3問**

　下図は、2022年3月末時点での、日本とアメリカにおける家計の金融資産構成 を示したものである。図中のa～cに該当する金融資産項目の組み合わせとして、最も適切なものを下記の解答群から選べ。

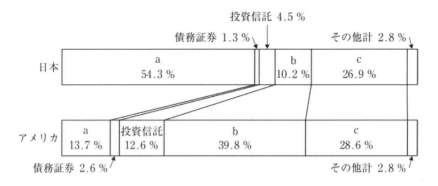

出所：日本銀行調査統計局『資金循環の日米欧比較』

［ 解答群 ］

　ア　a：株式等　　　b：保険・年金・定型保証　　　c：現金・預金

　イ　a：現金・預金　　b：株式等　　　c：保険・年金・定型保証

　ウ　a：現金・預金　　b：保険・年金・定型保証　　　c：株式等

　エ　a：保険・年金・定型保証　　b：株式等　　　c：現金・預金

　オ　a：保険・年金・定型保証　　b：現金・預金　　　c：株式等

解答	イ

■ **解説**

　金融資産構成に関する日米の比較問題である。

　日本の現金・預金比率が高いことと、米国が株式等への投資を積極的に行っているという基本的なトレンドを押さえることで正答を選ぶことが可能である。

　　a：現金・預金

　　　　現金・預金の構成比は米国：13.7％、ユーロエリア：34.5％に対し、日本：54.3％であり、日本は実に半分以上の金融資産を現金・預金で保有している。

　　b：株式等

　　　　株式等の構成比は日本：10.2％、ユーロエリア：19.5％に対し、米国：39.8％であり、米国は現金・預金比率が低く積極的に株式等に投資している。

　　c：保険・年金・定型保証

　　　　保険・年金・定型保証の構成比に大きな差はない。ちなみにユーロエリア：31.9％の構成比となっている。

　以上より、イが正解である。

IS-LM曲線②信用創造とマネーストック

頻出度
A

➡ p.64

■ 令和5年度　第11問（設問1）

国債に関する記述として、最も適切なものはどれか。

ア　国債の価格が上昇すると、その利回りは低下する。

イ　国債は、マネーストック（広義流動性）に含まれない。

ウ　日本銀行が金融政策の手段として国債を市場で売買することは禁止されている。

エ　日本銀行は、国債を保有していない。

オ　日本政府は、物価連動国債を発行していない。

解答	ア

■ 解説

国債に関する問題である。

マクロ経済学【論点7】と経済ニュースで報じられている基本的な内容から選択肢を絞ることが可能であった。また、正答の選択肢がそれほど難しい内容ではないため正答したい問題である。

ア：適切である。

国債の利回りは以下の式で表せられる。

利回り＝｛表面利率＋（売却金額－購入価格）÷所有期間｝÷購入価格 × 100

この式から購入価格が上がると利回りは低下することがわかる。

イ：不適切である。

マネーストック（広義流動性）＝M3＋金銭の信託＋投資信託＋金融債 ＋銀行発行普通社債＋金融機関発行CP＋国債＋外債

上記のとおり、国債はマネーストック（広義流動性）に含まれる。

ウ：不適切である。

日本銀行は金融政策の手段として国債を売買しており、その動向は日々の経済ニュースで報じられている。

エ：不適切である。

上記のとおり日本銀行は国債を売買しているため、当然一定数を保有している。

オ：不適切である。

日本政府は2004年3月から物価連動国債を発行している。

以上より、アが正解である。

国際収支と為替変動②マンデル＝フレミング・モデル

頻出度 **A**

➡ p.96

■ 令和5年度　第10問（設問1）

　下図は、開放経済下における小国のマクロ経済モデルを描いている。この図に基づいて、下記の設問に答えよ。

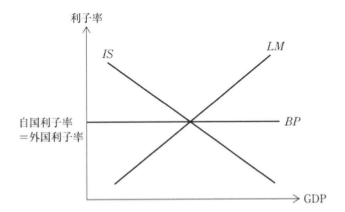

　この図に関する記述の正誤の組み合わせとして、最も適切なものを下記の解答群から選べ。

a　水平なBP曲線は、国際的な資本移動が利子率に対して完全に弾力的であることを意味している。

b　開放経済下のIS曲線の傾きは、閉鎖経済下のIS曲線に比べて、より急な形状になる。

c　外国利子率が上昇すると、BP曲線は下方にシフトする。

［解答群］

ア　a：正　　b：正　　c：正

イ　a：正　　b：正　　c：誤

ウ　a：正　　b：誤　　c：正

エ　a：誤　　b：正　　c：誤

オ　a：誤　　b：誤　　c：誤

解答	イ

■ 解説

　開放経済下における小国のマクロ経済モデルに関する問題である。

　ｂの選択肢の難易度が少し高いが、ａ、ｃの選択肢が基本的な内容であるため、ｂを残しても正答にたどり着くことが可能であった。

　ａ：適切である。
　　不完全に弾力的な場合は右上がりの曲線になる。

　ｂ：適切である。
　　開放経済化においては輸入があるため投資乗数が小さくなり、IS 曲線は急な形状になる。

　ｃ：不適切である。
　　外国利子率が上昇すると、BP 曲線は上方にシフトする。

以上より、ａ、ｂ、ｃの正しい組み合わせであるイが正解である。

3 令和4年度の重要・頻出問題にチャレンジ

貯蓄と投資

頻出度 **A**

➡ p.46

■ 令和4年度　第6問（設問1）

下図は、45度線図である。この図において、総需要は $AD=C+I+G$（ただし、AD は総需要、C は消費支出、I は投資支出、G は政府支出）、消費関数は $C=C_0+cY$（ただし、C_0 は基礎消費、c は限界消費性向（$0<c<1$）、Y は GDP）によって表されるとする。図中における Y_F は完全雇用 GDP、Y_0 は現実の GDP である。この図に基づいて、下記の設問に答えよ。

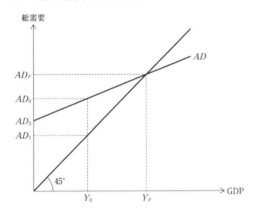

この図に関する記述の正誤の組み合わせとして、最も適切なものを下記の解答群から選べ。

a　総需要線 AD の傾きは、c に等しい。

b　投資支出1単位の増加による GDP の増加は、政府支出1単位の増加による GDP の増加より大きい。

c　総需要線 AD の縦軸の切片の大きさは、C_0 である。

〔解答群〕

ア　a：正	b：正	c：誤		イ　a：正	b：誤	c：正
ウ　a：正	b：誤	c：誤		エ　a：誤	b：正	c：誤
オ　a：誤	b：誤	c：正				

解答	ウ

■ **解説**

　45度線図の基本的な読み取りを問う問題である。

　設問文の式を展開すると、$AD = C_0 + cY + I + G$ となり、総需要曲線 AD の傾きは c となることがわかる。また、総需要曲線 AD の縦軸の切片は $Y = 0$ のときなので、$AD = C_0 + 0(c \times 0) + I + G = C_0 + I + G$ となる。

　a：適切である。上記より総需要曲線 AD の傾きは c である。

　b：不適切である。
　　　$Y = C_0 + cY + I + G$ を整理すると、
　　　$Y - cY = C_0 + I + G$
　　　$(1 - c)Y = C_0 + I + G$
　　　$Y = 1/(1 - c)(C_0 + I + G)$ となる。

　　　上記より投資支出Ⅰを増加させたときの変化量を ΔI とすると $\Delta Y = 1/(1 - c)\Delta I$ となる。このときの $1/(1 - c)$ を投資乗数と呼ぶ。
　　　また、同様に政府支出を増加させたときの変化量を ΔG とすると $\Delta Y = 1/(1 - c)\Delta G$ となり、このときの $1/(1 - c)$ を政府支出乗数と呼ぶ。投資乗数と政府支出乗数が等しいので、それぞれを1単位増加させたときのGDP増加も等しくなる。

　c：不適切である。上記より総需要曲線 AD の縦軸の切片の大きさは $C_0 + I + G$ である。

以上より、a、b、cの正しい組み合わせであるウが正解である。

貯蓄と投資

■ 令和4年度　第6問（設問2）

　下図は、45度線図である。この図において、総需要は$AD=C+I+G$（ただし、ADは総需要、Cは消費支出、Iは投資支出、Gは政府支出）、消費関数は$C=C_0+cY$（ただし、C_0は基礎消費、cは限界消費性向（$0<c<1$）、YはGDP）によって表されるとする。図中におけるY_Fは完全雇用GDP、Y_0は現実のGDPである。この図に基づいて、下記の設問に答えよ。

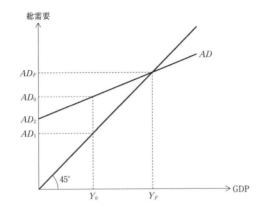

　GDPの決定に関する記述として、最も適切なものはどれか。

ア　$AD_F - AD_0$の大きさだけの政府支出の増加によって、完全雇用GDPを実現できる。

イ　$AD_F - AD_1$の大きさだけの政府支出の増加によって、完全雇用GDPを実現できる。

ウ　$AD_F - AD_2$の大きさだけの政府支出の増加によって、完全雇用GDPを実現できる。

エ　$AD_0 - AD_1$の大きさだけの政府支出の増加によって、完全雇用GDPを実現できる。

オ　$AD_0 - AD_2$の大きさだけの政府支出の増加によって、完全雇用GDPを実現できる。

解答	エ

■ 解説

45度線図とGDPの決定に関する問題である。

設問文に「Y_0は現実のGDPである」と記載がある一方で総需要ADは完全雇用GDPを達成するAD線が示されているため、混乱した受験生もいるかもしれない。

現実のGDPにおいては下図のような均衡状態にあり、完全雇用GDPを実現するための需要が不足している。このような状態をデフレ・ギャップと呼び、解消のために「$AD_0 - AD_1$」の総需要増加が必要である。

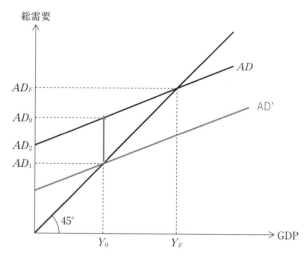

ア：不適切である。

イ：不適切である。

ウ：不適切である。

エ：適切である。

オ：不適切である。

以上より、エが正解である。

需要・供給・弾力性の概念

頻出度 **A**

➡ p.108

■ 令和4年度　第14問

　下図には、$Q = -P + 10$で表される需要曲線が描かれている（Qは需要量、Pは価格）。点Aおよび点Bにおける需要の価格弾力性（絶対値）に関する記述として、最も適切なものを下記の解答群から選べ。

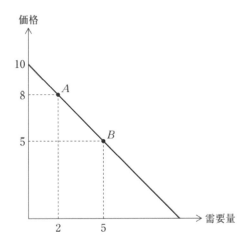

〔解答群〕

　ア　需要の価格弾力性は、点Aのとき1であり、点Bのとき1である。

　イ　需要の価格弾力性は、点Aのとき1であり、点Bのとき4である。

　ウ　需要の価格弾力性は、点Aのとき4であり、点Bのとき1である。

　エ　需要の価格弾力性は、点Aのとき4であり、点Bのとき4である。

解答	ウ

■ 解説

　需要の価格弾力性に関する問題である。詳細な内容は、Ⅱミクロ経済学【論点1】を参照されたい。需要の価格弾力性とは、価格が1％変化したときの需要量が何％変化するかを表したものである。公式は以下のとおり。

　需要の価格弾力性＝（需要量の変化率）／（価格の変化率）

　公式から、点A、点Bそれぞれのとき需要の価格弾力性は以下となる。
　点Aの価格弾力性＝｛(2−0)／2｝／｛(10−8)／8｝＝1／0.25＝4
　点Bの価格弾力性＝｛(5−2)／5｝／｛(8−5)／5｝＝0.6／0.6＝1

　また、【論点1】の解説にあるように、同一需要曲線上では左上に行くほど需要の価格弾力性が大きくなるという特徴がある。この点を理解しておくことで計算せずとも正答を選択することが可能であった。

　ア：不適切である。上記のとおり。

　イ：不適切である。上記のとおり。

　ウ：適切である。上記のとおり。

　エ：不適切である。上記のとおり。

　以上より、ウが正解である。

ゲームの理論

頻出度 **B**

➡ p.136

■ **令和4年度　第20問**

　世界経済が低迷する中、国際的な政策協調が必要とされている。いま、隣り合うA国とB国が「環境保護」と「経済成長」を目的とする政策を選択する。下表は、両国の利得表であり、カッコ内の左側がA国の利得、右側がB国の利得を示している。

　このゲームに関する記述として、最も適切なものを下記の解答群から選べ。

<table>
<tr><td colspan="2" rowspan="2"></td><td colspan="2">B国</td></tr>
<tr><td>環境保護</td><td>経済成長</td></tr>
<tr><td rowspan="2">A国</td><td>環境保護</td><td>(　500,　　500)</td><td>(－500, 1,000)</td></tr>
<tr><td>経済成長</td><td>(1,000,　－500)</td><td>(　　0,　　　0)</td></tr>
</table>

〔解答群〕

　ア　このゲームでは、A国が「環境保護」を優先させる政策を選べば、B国は「経済成長」を優先させる政策を選ぶ方がよい。

　イ　このゲームでは、両国が協調して「環境保護」を優先させる政策を選べば、利得をさらに高めるために、戦略を変える必要はない。

　ウ　このゲームにおけるA国の最適反応は、「環境保護」を優先させる政策を選ぶ場合である。

　エ　このゲームのナッシュ均衡は、両国が「環境保護」を優先させる政策をとる組み合わせと、両国が「経済成長」を優先させる政策をとる組み合わせの2つである。

解答	ア

　ゲーム理論に関する問題である。詳細は、Ⅱミクロ経済学【論点9】を参照されたい。最適反応とは自分以外の参加者の戦略が与えられた際に、自分の利得が最大になる戦略のことである。ナッシュ均衡とは、非協調的行動を取りあう参加者同士で、他の参加者が選択した戦略に対して、各参加者が最適な戦略を取っている状態のことである。単独で別の戦略を取ってもより低い利得しか得られず現状を維持する可能性が高いため「均衡」と表現される。

1．A国の戦略
　　（ア）B国が「環境保護」を選んだ場合、A国の利得は「環境保護」500より「経済成長」1,000のほうが大きい。
　　（イ）B国が「経済成長」を選んだ場合も、A国の利得は「環境保護」－500より「経済成長」0のほうが大きい。
　　そのため、B国がいずれの戦略を取ったとしても、A国の利得が大きくなる「経済成長」戦略が支配戦略となる。

2．B国の戦略
　　（ア）A国が「環境保護」を選んだ場合、B国の利得は「環境保護」500より「経済成長」1,000のほうが大きい。
　　（イ）A国が「経済成長」を選んだ場合も、B国の利得は「環境保護」－500より「経済成長」0のほうが大きい。
　　そのため、A国がいずれの戦略を取ったとしても、B国の利得が大きくなる「経済成長」戦略が支配戦略となる。

　上記より、A国とB国ともに「経済成長」戦略の組み合わせにて、ナッシュ均衡となる。

　ア：適切である。
　イ：不適切である。両国が「環境保護」を選んだ場合、A国、B国ともに「経済成長」戦略に転換することで自国の利得を大きくすることができる。
　ウ：不適切である。上記よりA国の最適反応は「経済成長」である。
　エ：不適切である。上記よりこのゲームのナッシュ均衡は、両国が「経済成長」を優先させる組み合わせ1つである。

利潤最大化仮説

➡ p.158

■ **令和4年度　第15問（設問1）**

　利潤最大化を達成するための最適生産について考えるためには、総収入と総費用の関係を見ることが重要である。下図には、総収入曲線 TR と総費用曲線 TC が描かれている。この図に基づいて、下記の設問に答えよ。

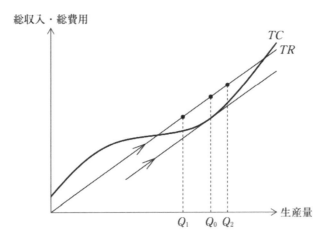

　費用関数に関する記述の正誤の組み合わせとして、最も適切なものを下記の解答群から選べ。

　a　総費用曲線 TC の縦軸の切片は、固定費用に等しい。

　b　平均費用が最小値を迎えるところでは、限界費用と平均費用が一致する。

　c　生産量の増加に比例して、平均費用も増加していく。

〔解答群〕

　ア　a：正　　b：正　　c：正

　イ　a：正　　b：正　　c：誤

　ウ　a：正　　b：誤　　c：誤

　エ　a：誤　　b：正　　c：正

　オ　a：誤　　b：誤　　c：正

<table>
<tr><td>解答</td><td>イ</td></tr>
</table>

■ 解説

総費用線の基本的な読み取りを問う問題である。

a：適切である。総費用は生産量に応じて変化する可変費用と、生産量にか
　かわらず発生する固定費用の合計である。縦軸の切片では生産量が0で
　あり、可変費用も0となる。したがって、縦軸の切片は固定費用となる。

b：適切である。平均費用は原点と総費用線 TC 上の任意の点を結んだ直線
　の傾きで表される。この傾きが最小になる直線は総費用線 TC の接線に
　なるため、平均費用が最小となる点で限界費用と平均費用が一致する。

c：不適切である。図からわかるとおり、最初のうちは平均費用が減少するが、
　平均費用が最小値となった点以降、平均費用は増加していく。

以上より、aとbとcの正しい組み合わせであるイが正解である。

利潤最大化仮説

■ 令和4年度　第15問 (設問2)

　利潤最大化を達成するための最適生産について考えるためには、総収入と総費用の関係を見ることが重要である。下図には、総収入曲線 TR と総費用曲線 TC が描かれている。この図に基づいて、下記の設問に答えよ。

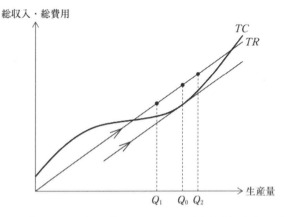

　利潤に関する記述の正誤の組み合わせとして、最も適切なものを下記の解答群から選べ。

a　Q_1 の生産量では、価格が限界費用を上回っており、生産を増やせば利潤が増加する。

b　Q_0 の生産量では、総収入曲線の傾きと、総費用曲線の接線の傾きが等しくなっており、利潤最大化と最適生産が実現している。

c　Q_2 の生産量では、限界費用が価格を上回っており、生産を減らせば利潤が増加する。

〔解答群〕

ア　a：正　　b：正　　c：正　　　イ　a：正　　b：正　　c：誤

ウ　a：正　　b：誤　　c：正　　　エ　a：誤　　b：正　　c：正

オ　a：誤　　b：正　　c：誤

解答	ア

■ 解説

　（設問1）に続き基本的なグラフの読み取り問題である。利潤最大化のポイントとして、「限界収入＝限界費用」となる生産量において利潤最大化が達成される点を押さえておきたい。詳細はⅡミクロ経済学の【論点13】を参照されたい。

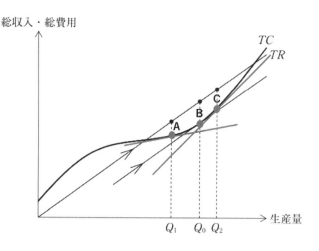

a：適切である。点Aにおける価格は収入曲線TRの傾きである。点Aにおける総費用線TCの接線の傾きよりTRの傾きのほうが大きいため、価格が限界費用を上回っている。この状況では、生産を増やせば利潤が増加する。

b：適切である。点Bにおいて利潤最大化が達成されている。

c：適切である。点Cにおける総費用線TCの接線の傾きよりTRの傾きのほうが小さいため、価格が限界費用を下回っている。この状況では、生産を減らせば利潤が増加する。

以上より、a、b、cの正しい組み合わせであるアが正解である。

経済学の基礎

論点1　グラフの読み方

経済学においてグラフを正しく読み取るために必要なことは、①縦軸と横軸の項目を押さえること、②縦軸と横軸の関係を押さえること、③結論を押さえること、の3点である。

■ 経済学におけるグラフ

　経済学を勉強するうえで、グラフの読み取りを避けて通ることはできない。したがって、経済学を具体的に勉強していく前にグラフの読み取りのポイントを押さえておくことで、今後の勉強をスムーズに進めていくことができる。

　経済学におけるグラフとは、互いに関係のある2つの要素を、曲線や直線で表現したものである。具体的には以下のようなものである。

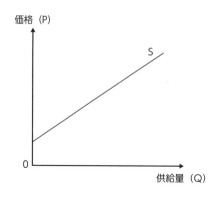

　このグラフは、縦軸に価格、横軸に供給量を取り、価格と供給量の関係を表した曲線（経済学では、直線、曲線問わず、曲線と表現する）である。経済学では、このようなグラフが多数登場するので、与えられたグラフを正確に読み取ることが、攻略の第一歩となる。以降では、グラフの正しい読み取りに必要なポイントを紹介する。

② 正しくグラフを読み取るポイント

経済学においてグラフを正しく読み取るためのポイントは3つある。

① 縦軸と横軸の項目を押さえること

たとえば、次のグラフを見ていただきたい。

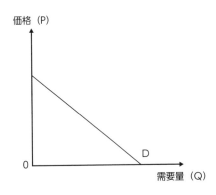

このグラフは、縦軸に価格、横軸に需要量を取り、価格と需要量の関係を表している。前ページのグラフとは、横軸の内容が異なっている。このように、(当たり前ではあるが) 横軸で表したものが異なればグラフの形状も大きく異なってくる。つまり、設問で与えられた縦軸、横軸を取り違えると正しくグラフを読み取ることができなくなる。

縦軸は、価格を表しているのか、利子率を表しているのか、横軸は、国民所得を表しているのか、消費量を表しているのか。グラフが与えられたら、まず縦軸と横軸の内容をしっかりと押さえる必要がある。

② 縦軸と横軸の関係を押さえること

グラフは必ず2つの要素の間にある関係を表している。関係を見る際に特に注意すべきは、グラフの縦軸と横軸の因果関係である。たとえば、上図の価格と需要量を表したグラフにおいて、「価格が決まると需要量が決まる」関係なのか、「需要量が決まると価格が決まる」関係なのかにより、分析の考え方が大きく異なる。

学生時代に勉強した数学のグラフは、必ず横軸が要因となり縦軸の結果が導

かれてきた（先ほどの例でいうと、「需要量が決まると価格が決まる」パターンである）。しかし、経済学におけるグラフは、縦軸が要因となり横軸の結果が導かれることが多々ある（先ほどの例でいうと、「価格が決まると需要量が決まる関係」）。この違いをしっかり押さえておかなければ、グラフを正しく分析することができなくなる。

したがって、縦軸と横軸の関係は、しっかりと押さえる必要がある。

③ 結論を押さえること

グラフを単純に読み取るだけでは、試験対策上十分とはいえない。与えられたグラフからどのような結論を読み取ることができるのか、その結論を押さえることが重要である。

たとえば、以下のグラフを見ていただきたい。

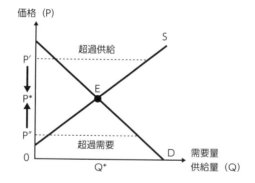

このグラフは、縦軸に価格、横軸に需要量と供給量を表したグラフであり、2つのグラフは点Eで交わっている（交わっている点を均衡点という）。

このグラフの詳細な解説は論点解説の中で行うが、このグラフから読み取れる結論は、「超過供給にある場合は価格が低下することで超過供給が解消され、超過需要にある場合は価格が上昇することで超過需要が解消される」である。

このように与えられたグラフから導き出される結論は、試験対策上きっちりと押さえておきたい。

3 グラフのシフト

　経済学では、与えられたグラフをシフトさせることで、結論がどのように変化するかを考える場面がよく出てくる。

　たとえば、以下のグラフを見ていただきたい。

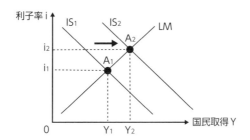

　このグラフは、縦軸に利子率i、横軸に国民所得Yを表したグラフであり、IS曲線とLM曲線を表している。当初、IS曲線とLM曲線の均衡点はA_1であるが、IS曲線をIS_1からIS_2へとシフトさせることで均衡点がA_2へと移動している。

　このように、グラフをシフトさせることでグラフから読み取れる結論が変化する。したがって、グラフがシフトする要因をチェックし、シフトした後に結論がどのように変化するのかを読み取る必要がある。

論点2 平均と限界の考え方

1 平均の考え方

　経済学では、「平均○○」という用語が登場する。代表的なものに「平均費用」
がある。平均とは、1単位当たりの値のことである。たとえば、「平均費用」は、
生産物1単位当たりの費用（総費用を生産量で割ったもの）を表している。

　では、平均○○をグラフで表す場合を考える。考えやすくするために、ここ
では「平均費用」を例に考える。

　本題を考える前に、少し1次関数を思い出していただきたい。

　Y=aX+bという1次関数が与えられた場合、aを傾き、bを切片といい、こ
の1次関数をグラフで表すと以下のようになる。

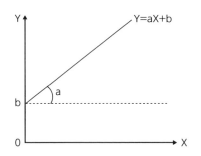

　このとき、傾きaは、「タテの変化量÷ヨコの変化量」で求めることができる。
具体的には、タテの変化量が8、ヨコの変化量が10とすると、傾きは8/10 = 0.8
となる。これは、ヨコに1変化した場合にタテに0.8変化するという意味である。

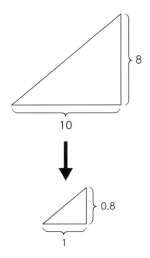

　次に、縦軸を総費用、横軸を生産量としたグラフを考える。たとえば、生産量10個のときの総費用が30万円、20個のときの総費用が50万円、総費用のにうち固定費が10万円の生産物があったとする。これは以下のようなグラフとなる（グラフの「総費用曲線」）。

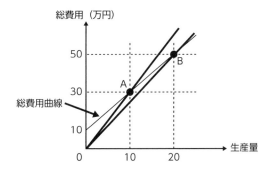

　このとき、生産量10個、20個のそれぞれの平均費用は以下となる。
　　生産量10個（点A）の場合の平均費用：30万円/10個＝3万円
　　生産量20個（点B）の場合の平均費用：50万円/20個＝2.5万円
また、上のグラフの直線0A、直線0Bの傾きの大きさはそれぞれ以下となる。

直線0Aの傾き：30/10＝3

　　直線0Bの傾き：50/20＝2.5

　以上からわかるように、平均費用は傾きの大きさと同じ考え方で導出できる。つまり、「平均費用＝原点と総費用曲線上の各点を結んだ直線の傾きの大きさ」、が成り立つ。

❷ 限界の考え方

　経済学では、「限界○○」という用語が頻繁に登場する。代表的なものに「限界費用」や「限界効用」などがある。限界○○とは、一方（生産や消費の量）が追加的に1単位増加したときに、もう一方が○○変化するかを表す。

　具体的に、限界費用を考える。生産量と総費用が以下の関係の場合、限界費用は次のようになる。

生産量	1	2	3	4	5
総費用 (万円)	10	16	20	22	22
限界費用 (万円)	6	4	2	0	―

　生産量が1から2に1単位増えた場合、総費用は10から16の6増加している。したがって、生産量1の場合の限界費用は6となる。同様に、生産量が2から3に1単位増えた場合、総費用は16から20の4増加している。したがって、生産量2の場合の限界費用は4となる。

　差分（増加量や減少量）を⊿（デルタ）で表す。

　この限界○○の値は、ある点の接線の傾きで求めることができる（結論として覚えておく）。たとえば限界費用を考えた場合、生産量xにおける限界費用は、xに対する費用曲線上の点の接線の傾きで求めることができる（次の図のMCで表された大きさとなる）。

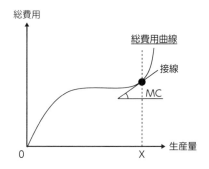

接線の傾きの大きさは、微分により求めることができる。試験対策上、微分の公式については覚えておく必要がある。

関数f(x)の微分は、関数f(x)への接線の傾きの大きさを求めることである。関数f(x)の微分は、f′(x)と表現する。微分の公式は以下のとおりである。

$f(x)=ax^b$ のとき、$f'(x)=abx^{b-1}$

$f(x)=A$（Aは定数）のとき、$f'(x)=0$

$x^0=1$

[微分の演習]

$f(x)=x^3+3x^2-4x+10$ のときの関数f(x)の微分を求めよ。

[解答]

$$f'(x)=3x^{3-1}+3 \times 2x^{2-1} - 4 \times 1x^{1-1}+0$$
$$=3x^2+6x - 4x^0$$
$$=3x^2+6x - 4$$

> マクロ経済学では、国全体の経済活動を扱い、財市場、貨幣市場、労働市場の分析を行う。ミクロ経済学では、消費者、企業、市場について分析を行う。

〈マクロ経済学の全体像〉

　マクロ経済学全体で学習する内容のつながりは、下図のとおりである。

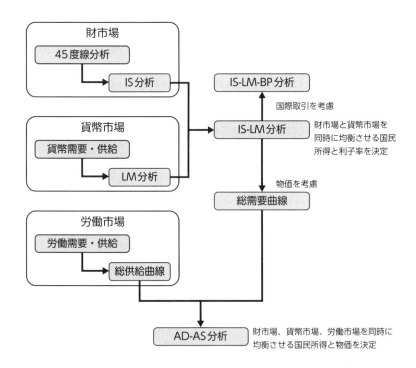

〈ミクロ経済学の全体像〉

　ミクロ経済学全体で学習する内容のつながりは、下図のとおりである。

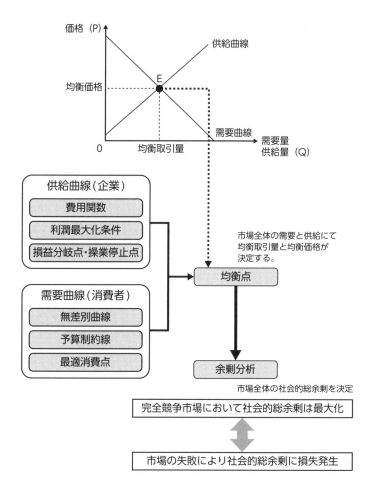

中小企業診断協会が公表している令和6年度の「経済学・経済政策」の科目設置の目的と内容は、以下のとおりです (令和5年9月11日に変更を発表)。

科目設置の目的

企業経営において、基本的なマクロ経済指標の動きを理解し、為替相場、国際収支、雇用・物価動向等を的確に把握することは、経営上の意思決定を行う際の基本である。また、経営戦略やマーケティング活動の成果を高め、他方で積極的な財務戦略を展開していくためには、ミクロ経済学の知識を身につけることも必要である。このため、経済学の主要理論及びそれに基づく経済政策について、以下の内容を中心に知識を判定する。

内 容

(1) 経済指標の見方や読み方

国民経済計算の概念、国民所得統計、雇用統計、物価指数、景気動向指数、マネーストック統計、国際収支、為替レート、経済事情、その他

(2) マクロ経済理論と経済政策

生産物市場とGDP、貨幣市場と利子率、IS-LM曲線、政府支出、租税と財政政策、貨幣理論と金融政策、雇用と物価水準、景気変動と景気循環、その他

(3) 国際経済と経済政策

比較生産費と貿易理論、貿易政策、国際収支と為替レート、国際マクロ経済の理論と政策、その他

(4) 主要経済理論

ケインズ理論、古典派と新古典派の理論、マネタリズム、その他

(5) 市場メカニズム

市場均衡・不均衡、弾力性の概念、経済余剰の概念、競争的市場の資源配分機能、市場の失敗、その他

(以下、p.79につづく)

I

マクロ経済学

A 論点1　国民所得概念と国民経済計算

ポイント

- GDP＝国内で生産された付加価値の総額＝最終生産物の価値
- GNP＝国民により生産された付加価値の総額
- 三面等価の原則：経済活動は、生産額＝分配額＝支出額

1 国内総生産GDP：Gross Domestic Product

　国内総生産GDPとは、ある一定期間に国内で生産された付加価値の合計を意味する。市場で取引されるものが対象のため、たとえば「主婦の家事労働」はGDPに含まれない。

- 付加価値＝生産物の価値−中間投入物の価値

　下記の例では、GDPは以下のようになる。

- GDP＝付加価値の総額＝100＋50＋70＝220万円＝最終生産物の価値

【 GDPの考え方 】

　次に農家、加工会社が直接消費者に販売し、それぞれ20万円、40万円を獲得した場合を考える（次ページの図）。GDPは、農家や加工会社が直接消費者に販売した金額を含めるため、

$$80＋20＋40＋40＋80＝260万円$$

となる（左から「農家の加工会社への販売額」「農家の直接販売分」「加工会社の利益」「加工会社の直接販売分」「コンビニの利益」を表している）。

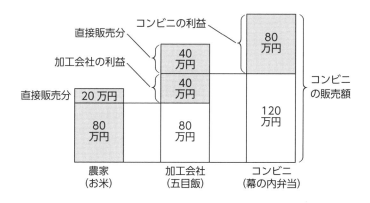

一方、最終生産物の金額の総額から見たGDPは、直接消費者に販売された分を考えるため、20＋40＋200＝260万円となる（左から「農家の直接販売分」「加工会社の直接販売分」「コンビニの販売額」を表す）。最終生産物の金額だけを見るとコンビニが生産した200万円と見てしまいがちだが、農家、加工業者が直接消費者に販売した場合は、消費者への販売分も加算する点（20万円と40万円分）について注意が必要である。

❷ 国民経済生産の用語

- 国民＝日本人（ヒト）の活動による所得のみ含む
- 国内＝日本国内（領土）の活動による所得のみ含む
- 総＝固定資本減耗（機械消耗による価値減少）を差し引いていない
- 純＝固定資本減耗を差し引いている
    国内純生産ＮＤＰ＝国内総生産ＧＤＰ－固定資本減耗

【国民経済生産の用語】

	国民が (National)	国内で (Domestic)
総 (Gross)	GNP (GNI) Gross National Product 国民総生産	GDP GrossDomestic Product 国内総生産
純 (Net)	NNP Net National Product 国民純生産	NDP Net Domestic Product 国内純生産

❸ 国民総生産GNPと国内総生産GDPの関係

外国人の日本での車の販売所得は、GDPに含まれGNPに含まれない。

日本人の外国での車の販売所得は、GNPに含まれGDPに含まれない。

【 国民総生産GNPと国内総生産GDP 】

	日本人が	外国人が	
日本で	日本人が日本で	外国人が日本で （海外への要素所得支払）	GDP
外国で	日本人が外国で （海外からの要素所得受取）	外国人が外国で	
	GNP（GNI）		

GNP（GNI）＝GDP＋海外からの要素所得受取－海外への要素所得支払

❹ 国民総所得GNIと国民総生産GNPの関係

国民総所得GNI（Gross National Income）とは、国民全体の所得の総額を示すものであり、従来のGNPに相当する。GNPは生産面から経済活動を把握するが、GNIは所得面から経済活動を把握するため、両者は基本的に同じものとなる。

❺ 三面等価の原則

GDPは生産面、分配面、支出面のいずれからも捉えることができ、どの面から見ても（結果的に）等しくなっている。これを三面等価の原則という。

【 三面等価の原則 】

生産面	付加価値の合計 ＝国内の総生産額－中間投入額			
分配面	雇用者報酬	営業余剰・ 混合所得	間接税 －補助金	固定資本 減耗
支出面	民間・政府 最終消費支出	国内総固定 資本形成	在庫増加	輸出－輸入

🔢 帰属計算

　市場で取引が行われていなくとも、あたかも市場で取引されたかのようにみなして、GDPに加えるもので、以下の5つが帰属計算される。

- ① 公務員の業務：公務員が提供する行政サービスに関する金額
- ② 農家の自家消費：農家が市場に販売せず自家消費する農産物の金額
- ③ 医療保険適用分：医療費の患者負担以外の保険適用金額
- ④ 住宅関係：持ち家の帰属家賃、持ち家以外の賃貸・仲介等住宅サービスとしての金額
- ⑤ 企業の現物支給：給与・賞与の現物支給分の金額

追加 ポイント

- フロー：一定期間内に行われた生産や取引の量として測られるもの
  GDP、所得、消費、貯蓄、投資、経常収支、在庫投資など
- ストック：ある一時点に存在している資産や負債の残高のような数字
  対外資産残高、在庫、マネーサプライなど
- 財政投融資とは、政府が国債の発行などで調達した資金を財源として特殊法人などの財投機関に対して有償資金を供給し、財投機関はその資金をもとにした事業により資金を回収して返済を行う、投資および融資の活動である。市場での取引でないため、GDPには含まれない。
- 移転支出とは、財・サービスの購入を伴わない金銭の移転のみの支出をいい、振替支出ともいう。政府、企業あるいは個人が行う財またはサービスの反対給付を伴わない一方的な購買力の移転のための支出である。市場での取引でないため、GDPには含まれない。

過去問

令和5年度　第4問　GDPに含まれる要素
令和4年度　第3問　国民経済計算の概念
令和3年度　第3問　GDPに含まれるもの
令和2年度　第3問　国民経済計算の概念
令和元年度　第3問　国民経済計算の総需要の恒等式

A 論点2 貯蓄と投資

ポイント

> 総供給 Y_S ＝国民所得 Y ＝個人消費 C ＋貯蓄 S
> 総需要 Y_D ＝個人消費 C ＋民間投資 I
> Y_S ＝ Y_D のとき、民間投資 I ＝貯蓄 S となる。つまり、財市場の均衡条件は S ＝ I である。

1 財市場の総需要 Y_D

財市場とは、財やサービスが取引される市場を意味する。財の総需要 Y_D とは、支出面の GDP であるので、下式が成立する。

　　　総需要 Y_D ＝個人消費 C ＋民間投資 I

（※政府の活動まで含めた総需要は、【論点3】で説明する。）

個人消費については、最も単純な考え方としてケインズ型消費関数がある。ケインズ型消費関数とは、C を今期の消費、Y を今期の国民所得とした場合に、以下のような形で表される。

　　　$C = C_0 + cY$ ……ケインズ型消費関数

　C_0：基礎消費。この基礎消費は所得と無関係に一定の消費を指す。

　c：限界消費性向。所得が1単位増加した場合に、消費がどれだけ増加するかを表す比率である。$0 < c < 1$。たとえば、$c = 0.85$ の場合、国民所得が1,000万円増加したときには850万円を消費にまわし、残りは貯蓄するということになる。消費した残りを貯蓄するので $1 - c$ を限界貯蓄性向と呼ぶ。

民間投資 I は、住宅投資や設備投資を意味する。

また、国民所得 Y のうち消費にまわされた額の比率を平均消費性向と呼ぶ。

$$平均消費性向 = \frac{消費額}{国民所得} = \frac{C}{Y} = \frac{C_0 + cY}{Y} = c + \frac{C_0}{Y}$$

C_0 と c は一定値なので、ケインズ型消費関数では、国民所得の上昇とともに平均消費性向は低下していく。

以上より、財市場における総需要をグラフに示すと次のようになる。

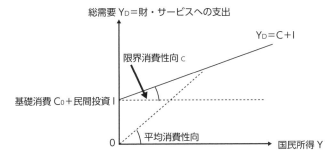

【 財市場における総需要 】

財やサービスに対する支出（総需要）

$$Y_D = C + I = C_0 + cY + I = \underset{(傾き)}{c}Y + \underset{(切片)}{C_0 + I}$$

　国民所得のうち、消費に振り分けられなかったものを貯蓄と呼ぶ。つまり、貯蓄Sは、国民所得Yから個人消費Cを控除して求めることができる。

$$S = Y - C = Y - (C_0 + cY) = (1 - c)Y - C_0$$

貯蓄Sをグラフに示すと、以下のようになる。

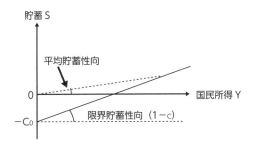

❷ 財市場の総供給Ys

　国民所得がどのように決定されるのかを調べるには、需要と供給の均衡点を発見する必要がある。ここでは、先に示した総需要に続き、総供給について考える。財の総供給（生産額）Ysとは、分配された国民所得Yと考える。

　　総供給$Y_S = Y = $個人消費C＋貯蓄S

これをグラフで示すと、以下のようになる。

【財市場における総供給】

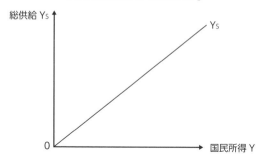

🖪 財市場の均衡：45度線分析

　財市場の分析とは、一国の国民所得の水準がどのように決定されるのか、また政府の政策からどのような影響を受けるのか分析することである。生産（供給）されたものがすべて需要された状態を財市場の均衡という。ここから、均衡国民所得を導く。このとき、総供給Y_S＝総需要Y_Dより、均衡国民所得Y^*を求めることができる。

　　　　総供給Y_S＝国民所得Y

　　　　総需要Y_D＝個人消費C＋民間投資I

　　　　$Y_S = Y_D$より、

　　　　$Y = C + I = cY + C_0 + I$

これをYについて解くと、

　　　　$Y = (C_0 + I) / (1 - c)$

となる。

　これを示すYが、均衡国民所得Y^*となる。

【財市場の均衡：45度線分析】

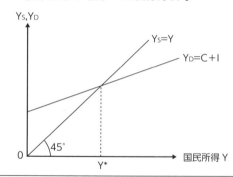

⚠ 数量による調整

45度線分析では、均衡国民所得への調整方法として数量による調整が想定されている。以下の図で $\overline{Y}$ という国民所得が実現している場合、総需要と総供給は、それぞれ $\overline{Y}_D$、$\overline{Y}_S$ となる。このとき、$\overline{Y}_D < \overline{Y}_S$ であるため、財市場では超過供給が発生しているといえる。超過供給であれば材の売れ残りが生じるため、企業は生産を縮小する。これによって国民所得が減少し、均衡国民所得に近づく。

一方、以下の図で Y^* よりも $\overline{Y}$ が小さかった場合は、超過需要が存在するため、企業は生産量を拡大する。これにより国民所得が拡大し、均衡国民所得に近づく。

【 財市場における超過供給 】

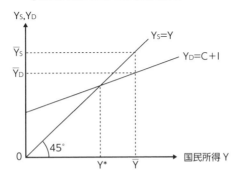

A 論点3　総需要と総供給

ポイント

> 均衡国民所得：$Y^* = c(Y - T) + C_0 + I + G = \dfrac{1}{(1-c)}(-cT + C_0 + I + G)$
>
> インフレ・ギャップ：完全雇用国民所得 Y_F の状態で、$Y_S < Y_D$ の状態
>
> デフレ・ギャップ：完全雇用国民所得 Y_F の状態で、$Y_S > Y_D$ の状態

① 政府の活動まで含めた財市場の均衡

財市場を政府の活動まで含めて設定し直すと、以下のとおりである。

- 支出額：総需要 Y_D ＝個人消費 C ＋民間投資 I ＋政府支出 G

  ケインズの消費関数に租税 T を考慮して $C = C_0 + c(Y - T)$ とすると、

  $Y_D = C_0 + c(Y - T) + I + G$

- 生産額：総供給 Y_S ＝分配（された）国民所得 Y

  $Y_S = Y_D$ の際に均衡国民所得 Y^* が成立するため、以下が成立する。

  $Y^* = c(Y^* - T) + C_0 + I + G$

  Y^* について解くと、

  $$Y^* = \frac{1}{(1-c)}(-cT + C_0 + I + G)$$

② 乗数効果

乗数効果とは、政府支出や投資を増やすことで、国民所得を数倍に増やすことができる効果のことである。上式で I が $(I + \varDelta I)$ に変化したとすると、

$$Y^* = \frac{1}{(1-c)}(-cT + C_0 + I + \varDelta I + G)$$

$$= \frac{1}{(1-c)}(-cT + C_0 + I + G) + \frac{1}{(1-c)}\varDelta I$$

投資が I のときの国民所得は $\dfrac{1}{(1-c)}(-cT + C_0 + I + G)$ であるので、均衡国民所得の増加分 $\varDelta Y$ は $\varDelta Y = \dfrac{1}{(1-c)}\varDelta I$ で与えられる。このとき、$\dfrac{1}{(1-c)} > 1$ より、$\varDelta Y > \varDelta I$ となる。

つまり、投資の上昇額 $\varDelta I$ よりも、国民所得の上昇額 $\varDelta Y$ のほうが大きい。

投資をしたら、投資以上の国民所得が得られることを示している。このように投資の増加額以上に国民所得額が増加するような効果を乗数効果と呼ぶ。

政府支出Gに関しても同様に、$\varDelta Y = \dfrac{1}{(1-c)} \varDelta G$となり、政府の支出により、支出以上の国民所得が得られることが示される。

一方、租税に関しては、Tが$(T + \varDelta T)$に変化すると、

$$Y^* = \frac{1}{(1-c)}(-c(T + \varDelta T) + C_0 + I + G)$$
$$= \frac{1}{(1-c)}(-cT + C_0 + I + G) - \frac{1}{(1-c)}(c\varDelta T)$$

となる。

政府支出がGのときの国民所得は$\dfrac{1}{(1-c)}(-cT + C_0 + I + G)$であるので、$\varDelta Y = \dfrac{-c}{(1-c)} \varDelta T$となり、租税の増加(増税。$\varDelta T > 0$)は均衡国民所得を減少させる。

また$\dfrac{c}{(1-c)} < \dfrac{1}{(1-c)}$であるから、租税乗数のほうが、投資・政府支出乗数よりも小さい。このことは、増税により国民所得が減少すること、そして減税よりも投資や政府支出のほうが国民所得の増加に効果的であることを示している。

ちなみに、総供給Y＝個人消費C＋貯蓄S＋租税Tである。

※総供給額は国民の所得となり、消費Cや貯蓄S、税金の支払Tに充てられる。

3 均衡予算乗数定理

政府支出の増加と増税を同時に行い、政府支出増($\varDelta G$)と増税額($\varDelta T$)が同等(つまり、政府支出を増税で賄う)場合には以下のようになる。

$$Y^* = \frac{1}{(1-c)}(-c(T + \varDelta T) + C_0 + I + G + \varDelta G)$$
$$= \frac{1}{(1-c)}(-cT + C_0 + I + G - c\varDelta T + \varDelta G)$$
$$= \frac{1}{(1-c)}(-cT + C_0 + I + G) + \frac{-c}{(1-c)} \varDelta T + \frac{1}{(1-c)} \varDelta G$$

政府支出がGで税金がTの際の国民所得は $\dfrac{1}{(1-c)}(-cT + C_0 + I + G)$

であるので、$\Delta Y = \dfrac{-c}{(1-c)} \Delta T + \dfrac{1}{(1-c)} \Delta G$ となる。

ここで、$\Delta T = \Delta G$ より、$\Delta Y = \dfrac{-c}{(1-c)} \Delta G + \dfrac{1}{(1-c)} \Delta G = \Delta G$ となる。

　つまり、予算を均衡させる形で政府支出と増税を行った場合、国民所得は政府支出（ΔG）と同等の値だけ増加する。

4 インフレ・ギャップ

- 非自発的失業：現行の賃金の下で働きたいと思っているにもかかわらず失業が存在するような状態
- 自発的失業：現行の賃金が低いので、（自らの意思で）働こうとしない失業
- 完全雇用：非自発的失業が存在しない状態
- 完全雇用国民所得 Y_F：完全雇用が実現している下での国民所得

　インフレ・ギャップとは、完全雇用国民所得 Y_F の状態で、総需要が総供給を上回る需給ギャップ（GDPギャップ）がプラスである大きさをいう。Y_F の状況で需要過多のため、生産しても追い付かない状況である。よって徐々に物価が上昇する。このとき次ページの図のABの大きさをインフレ・ギャップと呼ぶ。この場合、総需要を減らすことでインフレ・ギャップを解消する（$Y_D \rightarrow Y_D'$）。

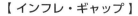

【 インフレ・ギャップ 】

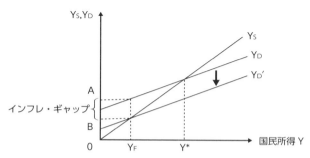

5 デフレ・ギャップ

　デフレ・ギャップとは、完全雇用国民所得Y_Fの状態で、総需要が総供給を下回る需給ギャップ（GDPギャップ）がマイナスである大きさをいう。Y_Fの状況では供給過多（$Y_S > Y_D$）のため生産しても売れず、徐々に物価が下落する。このとき下図のABの大きさをデフレ・ギャップという。この場合、総需要を増やすことでデフレ・ギャップを解消する（$Y_D \rightarrow Y_D{}'$）。

【 デフレ・ギャップ 】

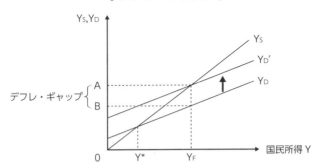

追加 ポイント

- 需給ギャップとは、総需要と総供給の差のことで、GDPギャップとも呼ばれる。プラスでインフレ・ギャップ、マイナスでデフレ・ギャップである。
- インフレ・ギャップの解消策は、①政府支出の削減、②増税による個人消費の縮小が、デフレ・ギャップの解消策は、①政府支出の増加、②減税による個人消費の拡大が有効となる。
- 効率賃金理論とは、企業がより高い賃金を支払うことで労働者の士気が高まり、より高い労働生産性をもたらすという理論である。
- オークンの法則とは、GDP（産出量）と失業率の間の負の相関関係があることである。よって、デフレ・ギャップの場合には、雇用市場は過少雇用の状態である。一方で、インフレ・ギャップの場合には、雇用市場は拡大している状態である。
- ディスインフレーションとは、金融政策によってインフレーションは抜け出したがデフレーションには陥っていない状態で、物価の上昇率が低下していく状況を示す。バブル崩壊後の日本経済は、長い期間ディスインフレーションの状態であったといわれている。

A　論点4　各種の経済統計

ポイント

- 消費者物価指数：CPI（ラスパイレス物価指数）
- 企業物価指数：CGPI（ラスパイレス物価指数）
- GDPデフレーター（パーシェ物価指数）
  ＝（名目GDP／実質GDP）×100

1 名目GDPと実質GDP

　GDPには「名目GDP」と「実質GDP」の2つが存在する。「名目GDP」とは、GDPをその時の市場価格で評価したものであり、物価の変動を反映した数値はこの名目GDPが該当する。一方、「実質GDP」とは、「名目GDP」から物価の変動による影響を差し引いたものである。

　以下、平成25年を基準年としたパンとリンゴの売上の例を考える。

	パン		リンゴ	
	価格	生産量	価格	生産量
平成25年	100円	12個	50円	8個
平成30年	120円	10個	40円	5個

　平成30年の名目GDPと実質GDPを算出する。

　名目GDP＝平成30年の物価の変動を反映した数値＝（平成30年パン価格）120円×（平成30年生産量）10個＋（平成30年リンゴ価格）40円×（平成30年リンゴ生産量）5個＝1,200円＋200円＝1,400円

　実質GDP＝物価の変動を反映した数値＝（平成25年パン価格）100円×（平成30年生産量）10個＋（平成25年リンゴ価格）50円×（平成30年リンゴ生産量）5個＝1,000円＋250円＝1,250円

2 物価指数

- ラスパイレス物価指数：基準時点の数量をウエイトにして計算する物価指数である。

　　上記の例をもとにしたラスパイレス物価指数は以下のようになる。

ラスパイレス物価指数＝100×（比較年度価格×基準年度数量）÷（基準年度価格×基準年度数量）＝100×（（H30パン価格）120円×（H25パン数量）12個＋（H30リンゴ価格）40円×（H25リンゴ数量）8個）÷（（H25パン価格）100円×（H25パン数量）12個＋（H25リンゴ価格）50円×（平成25年リンゴ数量）8個）

　　＝100×（1,440＋320）÷（1,200＋400）＝110

- パーシェ物価指数：比較時点の数量をウエイトにして計算する物価指数である。上記の例をもとにしたパーシェ物価指数は以下のようになる。

　　パーシェ物価指数＝100×（比較年度価格×比較年度数量）÷（基準年度価格×比較年度数量）＝100×（（H30パン価格）120円×（H30パン数量）10個＋（H30リンゴ価格）40円×（H30リンゴ数量）5個）÷（（H25パン価格）100円×（H30パン数量）10個＋（H25リンゴ価格）50円×（平成30年リンゴ数量）5個）

　　＝100×（1,200＋200）÷（1,000＋250）＝112

- 消費者物価指数：CPI（Consumer Price Index）（ラスパイレス物価指数）

　　総務省が毎月発表する経済指数であり、日銀の金融政策の判断材料にもなる。ラスパイレス方式により計算する。消費者が購入する財・サービスの小売段階での価格を対象とした指数である。

- 企業物価指数：CGPI（ラスパイレス物価指数）

　　日本銀行が毎月発表している指標で、企業間で取引される財の価格を対象とした物価指数である。景気動向や金融政策を判断するために活用される。企業間取引における商品価格変動の物価指数であり、企業間で値段を定める参考指標にもなっている。

❸ GDPデフレーター（パーシェ物価指数）

　　GDPデフレーター＝（名目GDP／実質GDP）×100

　名目GDPは、物価上昇による変化も含まれているため、通常は物価上昇を取り除いた実質値（実質GDP）が使われる。GDPデフレーターが100を超えていたら、物価水準が上昇していることになる。

◢4◣ 雇用に関する統計

①職業安定業務統計（厚生労働省作成）

- 求人倍率：1人の求職者に対してどれだけの求人があるかを表す指標。これが1より大きいとき、求人数が求職者数を上回る。
- 新規求人数：期間中に新たに受け付けた求人数（採用予定人数）である。
- 有効求人数：前月から繰り越された有効求人数＋当月の新規求人数である。

②労働力調査（総務省作成）

- 労働力人口（満15歳以上の働く意欲のあるもの）：就業者＋完全失業者（職がなく、求職活動をしている人）

  完全失業率＝完全失業者／労働力人口×100（％）

◢5◣ 鉱工業生産指数（経済産業省作成）

鉱業、製造工業の活動状況を総合的にみることができる。国全体の生産のカバー率が高く、速報性が高いことから生産活動をみる指標として景気動向指数の一致指数として採用されているなど、広く利用されており重要な指標である。

◢6◣ 産業連関表

経済循環を一覧表にまとめたものである。表の縦方向は各部門がその製品を生産するのに必要とした費用（投入）構成がわかる。横方向は、各生産物の販路（算出）構成がわかる。

行…費用構成（縦方向）：（中間投入）＋（粗付加価値）＝（国内生産額）

列…販路構成（横方向）：（中間需要）＋（最終需要）－（輸入）＝（国内生産額）

【 産業連関表 】

		中間需要		最終需要	国内生産額
		産業A	産業B		
中間投入	産業A	30	40	30	100
	産業B	20	30	80	130
粗付加価値		50	60		
国内生産額		100	130		

経常収支とは、貿易・サービス収支、第一・二次所得収支の合計で表される。金融収支に計上される取引以外の居住者・非居住者間で債権債務の移転に伴うすべての取引の収支状況を示す。日本の貿易サービス収支は2011年に黒字から赤字に転落した。

論点5　景気動向指数

- コンポジットインデックス (CI)：景気の量感を測る指標
- ディフュージョンインデックス (DI)：景気の局面を判断する指標

1 景気動向指数

　景気の状況把握、将来予測を行うことを目的に作成される総合的な景気指標である。

①コンポジットインデックス (CI)：景気の量感を測る指標

　CIは、各採用系列の前月からの変化率を求め、主として景気変動の大きさやテンポ (量感) を測定することを目的としている。景気の局面や転換点の判断に有効とされるディフュージョンインデックス (DI) では把握できない、景気の山の高さや谷の深さ、拡張後退の勢いといったテンポ (量感) を示すことができる指数である。一般的に、一致CIが上昇しているときは景気の拡張局面、低下しているときは後退局面である。一致CIの変化の大きさから、景気の拡張または後退のテンポ (量感) を読み取る。

②ディフュージョンインデックス (DI)：景気の局面を判断する指標

　DIは、採用系列の各月の値を3ヵ月前の値と比較して、増加したときには＋を、保ち合いのときには0を、減少したときには－をつけたうえで、先行、一致、遅行の系列群ごとに、採用系列数に占める拡張系列数 (＋の数) の割合 (%) を計算したものである。

　DIは構成する指標のうち、改善している指標の割合を算出することで景気の各経済部門への波及度合い (波及度) を測定することを主な目的とする。

$$DI = (プラスの指標の数 + 横ばい指標の数 \times 0.5) / 採用系列数 \times 100 (\%)$$

　一致DIは、景気拡張局面では50%を上回り、後退局面では下回る傾向がある。

　CIとDIは共通の指標を採用しており、現在は、先行指数11、一致指数11、遅行指数6の28系列である。

　従来、景気動向指数はDIを中心とした公表形態であったが、近年、景気変動の大きさや量感を把握することがより重要になっていることから、2008年

4月値以降は、CIを中心の公表形態に移行した。しかしDIも景気の波及度を把握するための重要な指標であることから、参考指標として引き続き作成・公表している。

❷ 先行系列・一致系列・遅行系列一覧

名 称	系 列
先行系列 （景気より早い時期に山や谷を示す先行的指数）	最終需要財在庫率指数（逆）、鉱工業生産財在庫率指数（逆）、新規求人数（除学卒）、実質機械受注（船舶・電力除く民需）、新設住宅着工床面積、消費者態度指数、日経商品指数（42種総合）、長短金利差、東証株価指数、投資環境指数（製造業）、中小企業売上見通しDI
一致系列 （景気とほぼ一致して連動する指数）	生産指数（鉱工業）、鉱工業生産財出荷指数、大口電力使用量、耐久消費財出荷指数、所定外労働時間指数（調査産業計）、投資財出荷指数（除輸送機械）、商業販売額（小売業、前年同月比）、商業販売額（卸売業、前年同月比）、営業利益（全産業）、中小企業出荷指数（製造業）、有効求人倍率（除学卒）
遅行系列 （景気より遅れて連動する指数）	第3次産業活動指数（対事業所サービス）、常用雇用指数（調査産業計、前年同月比）、実質法人企業設備投資（全産業）、家計消費支出（全国勤労者世帯、名目、前年同月比）、法人税収入、完全失業率（逆）

（逆）：景気動向とは逆方向に変動する指数。

※各個別系列の概要情報は下記URLを参照されたい。

内閣府統計表一覧　景気動向指数結果：

https://www.esri.cao.go.jp/jp/stat/di/di.html

追加 ポイント

- 景気拡張局面：景気DIが基調として50%を上回っているときの局面である。
- 景気後退局面：景気DIが基調として50%を下回っているときの局面である。

過去問　令和5年度　第6問　景気動向指数

論点6　IS-LM曲線① IS曲線

ポイント

IS曲線：財市場を均衡させる国民所得 (Y) と利子率 (i) の組み合わせ

$$i = -\frac{(1-c)}{b}Y + \frac{-cT + C_0 + I_0 + G}{b}$$　IS曲線は右下がり

1 IS曲線とは

財市場を均衡させる国民所得 (Y) と利子率 (i) の組み合わせを描いた右下がりの曲線である（※便宜上、図では直線で表す）。

① 投資 (I) と利子率 (i) の関係

投資に必要な資金を借入れで調達すると考えると、利子率は投資の調達コストと考えることができる。

利子率が高い→資金の調達コストが高い（調達しづらい）

→投資の全体額が低くなる　→投資は利子率の減少関数

→$I(i) = I_0 - bi$ (I_0は定数) と表す

なお、bは「投資の利子率弾力性」とし、利子率が1%変化したときに投資が何%変化するかを示す指標である。

$$投資の利子率弾力性\ b = -\frac{\dfrac{\triangle I}{I}}{\dfrac{\triangle i}{i}} = \frac{\triangle I}{\triangle i} \times \frac{i}{I}$$

45度線分析で取り扱った投資Iは一定である想定であったが、ここでは利子率の減少関数となる。

【 投資と利子率の関係 】

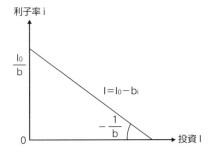

② IS曲線の導出

財市場の均衡条件の式は $Y = C_0 + c(Y - T) + I + G$

上式に $I(i) = I_0 - bi$ を代入すると、

$Y = c(Y - T) + C_0 + I_0 - bi + G$

この式を変形すると $i = -\dfrac{(1-c)}{b}Y + \dfrac{-cT + C_0 + I_0 + G}{b}$

となる。

縦軸に利子率 i を取り、横軸に国民所得 Y を取って利子率と国民所得の関係を示したのが以下のグラフである。

【 IS曲線の導出 】

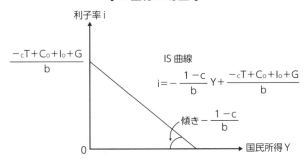

② IS曲線の傾き

IS曲線は、投資の利子率弾力性や限界消費性向の変化によって傾きが変化する。投資の利子率弾力性 b が大きくなる、または限界消費性向 c が大きくな

れば、上式の $\dfrac{(1-c)}{b}$ の値が小さくなるため、IS曲線の傾きは緩やかになる。

一方、投資の利子率弾力性bが小さくなる、または限界消費性向cが小さくなれば、上式の $\dfrac{(1-c)}{b}$ の値が大きくなるため、IS曲線の傾きは急になる。

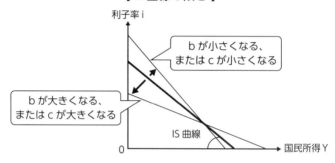

【IS曲線の傾き】

❸ IS曲線のシフト

財政政策とは、政府支出G、租税Tを変化させる政策のことである。財政政策によって、IS曲線はシフトする。財政支出Gの増加、または減税により、上式の $\dfrac{-cT+C_0+I_0+G}{b}$ の値が増加するため、IS曲線は右にシフトする。

一方、財政支出Gの減少、または増税により、上式の $\dfrac{-cT+C_0+I_0+G}{b}$ の値が減少するため、IS曲線は左にシフトする。

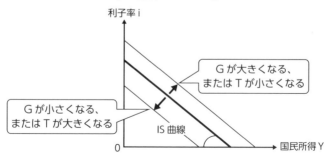

【IS曲線のシフト】

❹ IS曲線の傾き・シフトのまとめ

【 IS曲線の傾き　まとめ 】

	投資の利子率弾力性b		限界消費性向c	
	小	大	小	大
IS曲線の傾き	急になる（大）	緩やかになる（小）	急になる（大）	緩やかになる（小）

【 IS曲線のシフト　まとめ 】

	財政支出G増加、減税	財政支出G減少、増税
IS曲線	右にシフト	左にシフト

❺ IS曲線の超過供給と超過需要

　国民所得がY_1からY_2に増加した場合（点A→Bに移動）、総供給Y_Sの増加分は（$Y_2 - Y_1$）である。一方、総需要Y_Dの増加分はc（$Y_2 - Y_1$）である。限界消費性向cは、0＜c＜1であるから、点Bの位置では、財市場は総需要＜総供給となっている。つまり超過供給の状態である。財市場の均衡を回復させるためには、利子率をi_1からi_2に低下させて投資を促し、総需要を増加（点B→Cに移動）させなければならない。

　一方、IS曲線よりも左側は超過需要となる。

【 IS曲線の超過供給と超過需要 】

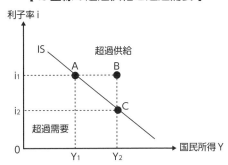

IS曲線の上側の領域→財市場は超過供給（供給＞需要）

IS曲線の下側の領域→財市場は超過需要（供給＜需要）

過去問　令和5年度　第8問（設問1）　IS曲線の傾きとシフト

A 論点7 IS-LM曲線② 信用創造とマネーストック

> 法定準備率：全預金のうち法定準備の割合である。
>
> マネーストックM＝信用乗数$\dfrac{c+1}{c+r}$×ハイパワードマネーH
>
> 金融政策：中央銀行がマネーストックMを変化させる政策である。
> ①公開市場操作、②公定歩合の操作、③法定準備金の操作

1 信用創造

- 法定準備：市中銀行は、受け入れている預金の一部を、貸出しにまわさずに準備金として中央銀行に預け入れることが法律で義務付けられている。この準備金のことを指す。準備預金ともいう。

- 法定準備率：全預金のうちの法定準備の割合である。実際の準備預金の割合を支払準備率という。

- 信用創造：銀行の貸出しによって通貨（マネーストック）が増加することである。銀行は預金のうちの法定準備部分以外を貸付けにまわす。貸付けは、銀行から借り手の預金口座に振り込む形で行われ、借り手はそれを元に支払いなどを行う。この際にも、小切手や振込によって支払いが行われるため、支払いを受けた人の預金残高が増加する。そして、預金残高が増加した銀行は、再び法定準備部分以外を貸付けにまわすというプロセスが繰り返され、最初に発生した預金額の何倍もの預金が経済全体に生まれる。信用創造を通じて生まれた通貨を、現金預金と区別して、預金通貨、または準通貨と呼ぶ。

信用創造のイメージは以下のとおりである。

【 信用創造 】

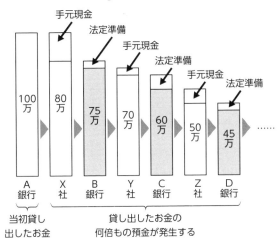

① 中央銀行がA銀行に100万円の現金を供給する。

② A銀行はX社に100万円を貸し付ける。X社はそのうちの20万円を手元現金とし、残り80万円をB銀行に預ける。

③ B銀行は80万円のうち5万円を法定準備に充て、残り75万円をY社に貸し付ける。

④ Y社は75万円のうち5万円を手元現金とし、残り70万円をC銀行に預ける。

⑤ C銀行は70万円のうち10万円を法定準備に充て、残り60万円をZ社に貸し付ける。

⑥ Z社は60万円のうち10万円を手元現金とし、残り50万円をD銀行に預ける。

このような流れの繰り返しで、当初貸し出したお金の何倍もの預金が発生する。

2 マネーストック

- ハイパワードマネー (マネタリーベース)：中央銀行が直接コントロールできるマネーのこと。ベースマネーと呼ばれることもある。
  ハイパワードマネー＝現金通貨＋準備預金 (法定準備、中央銀行当座預金)
- マネーストック (マネーサプライ)：経済に存在する貨幣の量を表す指標。家計や企業 (※金融機関を除く) が持っている現金通貨と預金の合計。2008年6月より日本銀行が発表する統計が見直され、「マネーサプライ」は「マネーストック」という名称で扱われるようになった。

【 マネーストックの4つの指標 】

M1	＝現金通貨＋預金通貨
M2	＝現金通貨＋国内銀行等 (除くゆうちょ銀行) に預けられた預金
M3	＝現金通貨＋全預金取扱機関に預けられた預金
広義流動性	＝M3＋金銭の信託＋投資信託＋金融債＋銀行発行普通社債 ＋金融機関発行CP＋国債＋外債

3 マネーストックMとハイパワードマネーHの関係

Cを現金通貨、Dを預金通貨、Rを法定準備金とすると、以下の関係がある。

$$M=C+D=\frac{C+D}{C+R}\times(C+R)=\frac{\frac{C}{D}+1}{\frac{C}{D}+\frac{R}{D}}\times H=\frac{c+1}{c+r}\times H$$

$\dfrac{C}{D}$：現金預金比率c、 $\dfrac{R}{D}$：法定準備率 (預金準備率) r

$\dfrac{c+1}{c+r}$：信用乗数または貨幣乗数。ハイパワードマネーHが1単位増加した場合、マネーストックMが何単位増加するかを表す数字である。

1より大きい。

❹ 金融政策：中央銀行がマネーストックＭを変化させる政策

① 公開市場操作

中央銀行が債券や手形の売買を通じてハイパワードマネーＨの量を変化させて、マネーストックを操作する政策のことである。

中央銀行が債券を売却「売りオペ」(購入「買いオペ」)する。

→民間の現金保有が減少(増加)する。

→ハイパワードマネーが減少(増加)する。

② 公定歩合の操作

中央銀行が民間銀行に対して貸出しを行う際の金利である公定歩合を操作する政策のことである。

公定歩合を上げる(下げる)。

→民間の中央銀行からの借入が減少(増加)する。

→ハイパワードマネーが減少(増加)する。

③ 法定準備率の操作

法定準備率を変化させることでマネーストックＭを変化させる政策のことである。ハイパワードマネーは変化しない。

法定準備率を上昇(低下)させる。

→信用乗数が低下(上昇)する。

→マネーストックが減少(増加)する。

追加 ポイント

〈 貨幣乗数の具体的な計算例 〉

問 現金預金比率0.3、法定準備率0.1とする。日銀が金融緩和政策によりハイパワードマネーを5兆円増やすとマネーストックは何兆円増えるか。またこのときの貨幣乗数はいくつか。

答 $M = \dfrac{0.3 + 1}{0.3 + 0.1} \times 5兆円 = 16.25兆円$増加する。貨幣乗数は3.25

過去問

令和5年度 第11問(設問1) 国債
令和5年度 第11問(設問2) 国債
令和3年度 第7問 貨幣乗数とマネタリーベース・マネーストック
令和2年度 第10問 貨幣乗数とマネタリーベース
令和元年度 第6問 マネーストック・マネタリーベース

論点8　IS-LM曲線③　貨幣需要

ポイント

- 貨幣需要L_D(Y,i) は、国民所得 (Y) と比例し、利子率 (i) と反比例する。
- 流動性のわな：利子率が十分低いため、貨幣以外の資産を持とうとしない状態
- LM曲線：貨幣市場を均衡させる利子率iと国民所得Yの関係を描いた曲線

1 貨幣、債券、利子率の関係

- 貨幣：収益を（ほとんど）生まない資産（価値が安定）である。現金、預金など。
- 債券：収益を生む資産（価値が不安定）である。株式、債券、土地など。その収益率を利子率と呼ぶ。

　資産を、収益を生まないものと収益を生むものの2つに分類すると、資産の選択については貨幣を保有するか、貨幣以外の資産（債券）を保有するかのどちらかになる。つまり貨幣の需要と債券の需要は表裏一体の関係となる。したがって、貨幣への需要が増えれば、債券への需要は減少すると考える。

2 貨幣に対する需要

　収益を生まない資産である貨幣を需要する理由には、以下の3つがあると考えられている。

① 取引動機

　取引が増加して支払い等で貨幣が必要となるために発生する需要

② 予備的動機

　将来の予期せぬ事態に備えるための貨幣への需要
　①+②を取引需要という。

　国民所得Yが増加すれば、貨幣の取引需要L_Dは増加する関係を持つため、以下の関係が導かれる。

　　　国民所得Y増加（減少）→貨幣の取引需要L_D増加（減少）

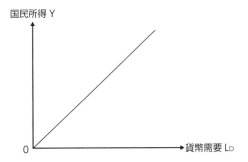

③ 投機的動機

　債券で利益を得ようと考えている人が、債券で利益を得ることができないと考えた場合に、債券を売って貨幣を持とうとする需要。ケインズの流動性選好理論の考え方（貨幣市場の均衡によって利子率iが決定するという考え方）に基づく。

　　　利子率iが高い→債券の収益率が高い

　　　　→債券の需要が増加し、貨幣への需要が下がる。

　以上より、投機的需要に基づく貨幣への需要は、利子率の減少関数となるので、以下の関係が導かれる。

　　　利子率が高い（低い）＝貨幣の投機的需要に基づく需要は少ない（多い）

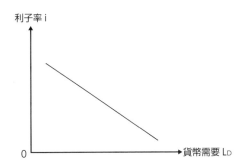

　①〜③をまとめると、

　　　国民所得（Y）が増加（減少）または利子率（i）が減少（増加）

　　　→ 貨幣需要 L_D（Y,i）が増加（減少）

　つまり貨幣需要 L_D（Y,i）は、国民所得（Y）と比例し、利子率（i）と反比例するという関係が導かれる。

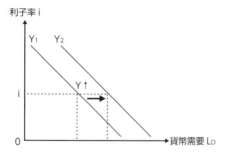

　国民所得Yが増加すると、貨幣需要曲線は右へシフトする（$Y_1 \rightarrow Y_2$）。

❸ 流動性のわな

　流動性のわなとは、利子率が下限になり、すべての資産を貨幣で保有しよう
とする状態のことである。利子率が十分に低いと、誰も債券を持とうと考えず、
貨幣に対する需要が無限大まで拡大することを示す。このとき、貨幣需要の利
子率弾力性が無限大になっているので、貨幣需要関数（縦軸に利子率i、横軸に
貨幣需要L_D）は水平になっている。

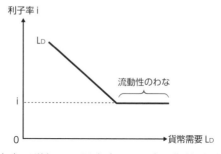

　また、国民所得（Y）が増加した場合（$Y_1 \rightarrow Y_2$）、貨幣需要曲線L_Dは右にシフ
トする。

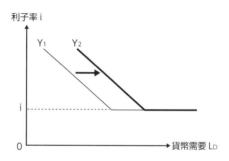

◢ LM曲線の導出

　貨幣需要と実質貨幣供給が均衡する際の国民所得と利子率の関係を示した曲線をLM曲線と呼ぶ。

① 実質貨幣供給

　マネーストックMを物価水準Pで割り引いたものが実質貨幣供給（M/P）になる。実質貨幣供給は利子率に依存しないので、実質貨幣供給を横軸に取り、利子率を縦軸に取ると、垂直なグラフとなる。

② LM曲線

　LM曲線とは、貨幣市場を均衡させる国民所得Yと利子率iの組み合わせを示す曲線である。

$$実質貨幣供給＝実質貨幣需要 \quad \Leftrightarrow \quad \frac{M}{P} = L_D(Y,i)$$

　貨幣市場を均衡させる利子率iと国民所得Yの関係を描いたものが、下図右のLM曲線となる。LM曲線は右上がりになる。

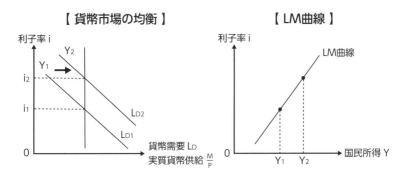

【 貨幣市場の均衡 】　　　　　　　【 LM曲線 】

追加 ポイント

LMとはLiquidity Preference（流動性選好）とMoney Supply（貨幣の供給量）の略、ISとはInvestment（投資）とSavings（貯蓄）の略である。

過去問
令和3年度　第6問（設問1）　LM曲線が垂直なケースの貨幣＆投資需要の利子弾力性
令和2年度　第6問（設問1）　IS曲線が垂直なケースの貨幣需要の利子弾力性

論点9　IS-LM曲線④　LM曲線

ポイント

> LM曲線：貨幣市場を均衡させる国民所得（Y）と利子率（i）の組み合わせ
>
> $$i = \frac{a}{b}Y + \frac{c}{b} - \frac{M}{bP}$$　　　LM曲線は右上がり

1 LM曲線の式

　貨幣需要$L_D(Y,i)$は国民所得（Y）と比例し利子率（i）と反比例するため（【論点8】）、貨幣需要関数は$L_D = aY - bi + c$と表す。ここで、aは「貨幣需要の所得弾力性」とし、bは「貨幣需要の利子率弾力性」とする。

　貨幣供給関数$L_S = \dfrac{M}{P}$　　また、貨幣市場の均衡$L_D = L_S$より、

$$i = \frac{a}{b}Y + \frac{c}{b} - \frac{M}{bP}$$

が導かれる。グラフに表すと、以下のようになる。

【 LM曲線 】

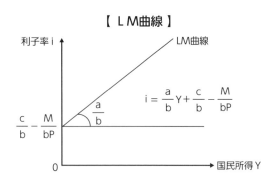

　aは貨幣需要の所得弾力性で、国民所得が変化した際に貨幣需要がどの程度変化するかを示し、以下の式で与えられる。

$$\text{貨幣需要の所得弾力性　} a = \frac{\dfrac{\varDelta L_D}{L_D}}{\dfrac{\varDelta Y}{Y}} = \frac{\varDelta L_D}{\varDelta Y} \times \frac{Y}{L_D}$$

また、bは貨幣需要の利子率弾力性で、利子率が変化した際に貨幣需要がどの程度変化するかを示し、以下の式で与えられる。

$$\text{貨幣需要の利子率弾力性 b} = \cfrac{\cfrac{\triangle L_D}{L_D}}{\cfrac{\triangle i}{i}} = \frac{\triangle L_D}{\triangle i} \times \frac{i}{L_D}$$

2 LM曲線の傾き

LM曲線の傾きは、貨幣需要の利子率弾力性、または所得弾力性に伴ってその傾きが変化する。

貨幣需要の利子率弾力性bが大（小）、または所得弾力性aが小（大）

→傾き $\dfrac{a}{b}$ の値が小さく（大きく）なる

→LM曲線は緩やか（急に）になる

【 LM曲線の傾き 】

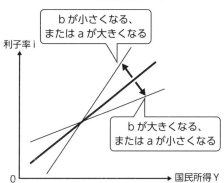

bが小さくなる、
またはaが大きくなる

利子率 i

bが大きくなる、
またはaが小さくなる

0 国民所得 Y

3 LM曲線のシフト

LM曲線は、貨幣供給または物価水準に伴って、平行移動する。

貨幣供給のMの増加↑（減少↓）、または物価水準Pの低下↓（上昇↑）

$\rightarrow \dfrac{M}{bP}$ の値が増加（減少）する

$\rightarrow$ LM曲線は右（左）にシフトする

【 LM曲線のシフト 】

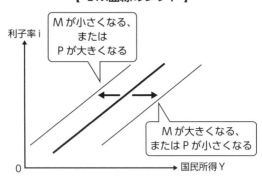

4 LM曲線の傾き・シフトのまとめ

【 LM曲線の傾き　まとめ 】

	貨幣需要の利子率弾力性b		貨幣需要の所得弾力性a	
	小	大	小	大
LM曲線の傾き	急になる（大）	緩やかになる（小）	緩やかになる（小）	急になる（大）

【 LM曲線のシフト　まとめ 】

	貨幣供給M増加、物価水準P低下	貨幣供給M減少、物価水準P上昇
LM曲線	右にシフト	左にシフト

5 LM曲線の超過供給と超過需要

　国民所得がY_1からY_2に増加した場合（点A→Bに移動）、貨幣需要が増加するので、超過需要の状態になる。均衡を回復するには、利子率が上昇して（点B→Cに移動）貨幣需要を低下させなければならない。

【 LM曲線の超過供給と超過需要 】

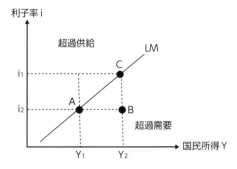

LM曲線の上側の領域→貨幣市場は超過供給（供給＞需要）
LM曲線の下側の領域→貨幣市場は超過需要（供給＜需要）

6 流動性のわなが生じているときのLM曲線

　流動性のわなが生じているところ（左下図の水平な部分）では、国民所得が変化しても（Y_1 → Y_2）利子率は変化しないため、LM曲線は水平となる（右下図）。利子率が変化するところまで国民所得が増加すると、LM曲線も右肩上がりの形を示すようになるため、流動性のわなも含めて考えると、LM曲線は折れ曲がった形を示す。

【 流動性のわなが生じているときのLM曲線 】

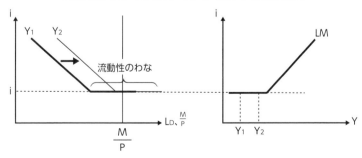

過去問　令和5年度　第8問（設問2）　LM曲線の傾きとシフト
　　　　令和元年度　第8問（設問1）　流動性のわなの状況下における総需要曲線

論点10　IS-LM曲線⑤　財政政策

- 拡張的な財政政策 (政府支出 G ↑、減税 T ↓) →IS右シフト→Y ↑、i ↑
- 緊縮的な財政政策 (政府支出 G ↓、増税 T ↑) →IS左シフト→Y ↓、i ↓
- クラウディングアウト：政府支出 G の増加が利子率 i の上昇を招き、投資 I を抑制してしまうこと。

🔢 均衡国民所得と均衡利子率

IS曲線→財市場を均衡させる国民所得 Y と利子率 i の組み合わせである。

LM曲線→貨幣市場を均衡させる国民所得 Y と利子率 i の組み合わせである。

財市場と貨幣市場を同時に均衡させるのは、IS曲線とLM曲線の交点Aである。このとき、均衡国民所得を Y^*、均衡利子率を i^* と表す。

【 均衡国民所得と均衡利子率 】

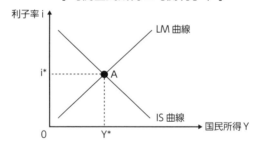

🔢 財政政策の効果

IS曲線の式は $i = -\dfrac{(1-c)}{b}Y + \dfrac{-cT + C_0 + I_0 + G}{b}$ となる。ここで、政府の財政政策が国民所得と利子率にどのように影響するかを考える (式の切片に注目)。

- **拡張的な財政政策 (政府支出 G の増加 ↑、減税 T ↓)**
  - →乗数効果【論点3】より Y_1 から Y_2 へ増加→IS曲線は右へシフト ($IS_1 → IS_2$)
  - →交点は A_1 から A_2 へ移動
  - →均衡国民所得 Y 増加 ↑、均衡利子率 i 上昇 ↑ (景気対策として有効)
- **緊縮的な財政政策 (政府支出 G の減少 ↓、増税 T ↑)**

→乗数効果よりY_2からY_1へ減少→IS曲線は左へシフト（IS_2→IS_1）

→交点はA_2からA_1へ移動

→均衡国民所得Y減少↓、均衡利子率i低下↓

【 財政政策の効果 】

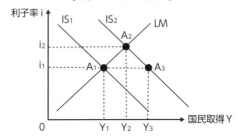

3 クラウディングアウト

　拡張的な財政政策は、財市場だけを見た場合は乗数効果分だけ国民所得を押し上げたが（①）、IS-LM分析では貨幣市場も組み込むので、貨幣需要の増加により利子率が上昇（②）する。ここで、国民所得の増加幅はY_1→Y_3となるが、利子率の上昇は投資の抑制を招くため、景気にマイナスに作用する。よってA_3→A_2と点が移り（③）、国民所得の増加はY_3→Y_2へ押し戻される形（④）となる。このような現象をクラウディングアウトと呼ぶ。

【 クラウディングアウト 】

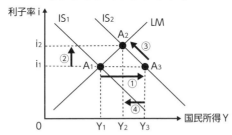

クラウディングアウトとは、「押し戻す」という意味である。クラウディングアウトは、財政の拡大政策を行うと「副産物」として発生する現象である。公債発行は、拡張的な財政政策であり、クラウディングアウトが生じる可能性がある。

令和3年度 第6問（設問2） 財政政策と金融政策の効果
令和2年度 第6問（設問2） IS曲線が垂直なケースの財政政策・金融政策の効果

(p.40からのつづき)

⑹ 消費と生産の理論

効用理論、予算制約と消費者行動、需要曲線、生産関数、費用関数、利潤最大化、供給曲線、その他

⑺ 組織と戦略の経済学

情報の不完全性、ゲーム理論、独占の弊害と寡占化の協調行動、製品差別化と独占的競争、規模の経済性・範囲の経済性、その他

⑻ 所得分配

公正性・公平性の概念、生産要素市場と生産要素報酬、所得再分配と税制・補助金、その他

⑼ その他経済学・経済政策に関する事項

B 論点11　IS-LM曲線⑥　金融政策

- LM曲線の傾きが緩やか (急) →財政政策の効果が大きい (小さい)
- IS曲線の傾きが緩やか (急) →金融政策の効果が大きい (小さい)
- 流動性のわなが生じている場合、財政政策は有効、金融政策は無効

1 金融政策の効果

　金融政策は貨幣供給 (マネーストック M) を操作する政策である。LM曲線の式は、

$$i = \frac{a}{b}Y + \frac{c}{b} - \frac{M}{bP}$$ 【論点9】となる。

　ここで、政府の金融政策が国民所得と利子率にどのように影響するかを考える (式の切片に注目)。

- **拡張的な金融政策 (貨幣供給 M ↑)**

　　→LM曲線は右へシフト (LM₁→LM₂) →交点はB₁からB₂へ移動

　　→均衡国民所得Y増加↑、均衡利子率i低下↓ (景気対策として有効)

- **緊縮的な金融政策 (貨幣供給 M ↓)**

　　→LM曲線は左へシフト (LM₂→LM₁) →交点はB₂からB₁へ移動

　　→均衡国民所得Y減少↓、均衡利子率i上昇↑

【 金融政策の効果 】

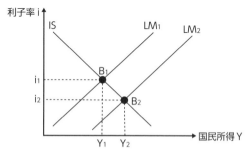

2 財政政策・金融政策の有効度合い

　財政政策・金融政策の有効度合いは、相対する曲線の傾きによって変わる。

まず、財政政策の有効性について考える。

LM曲線の傾きの大きさに応じて、財政政策の有効度が変わってくる。

　　下図のLM₁は、LM₂に比べて傾きが急（＝大きい）。

　　→貨幣需要の利子率弾力性bが小さいか、貨幣需要の所得弾力性aが大きい。

　　→拡張的財政政策を行った場合、LM₂のときと比べて、LM₁のときは国民所得に対する効果が小さい（Y₂とY₃を比較した際に、Y₂＜Y₃であることからもわかる）。

　　一方、LM₂は、LM₁に比べて傾きが緩やか（＝小さい）。

　　→貨幣需要の利子率弾力性bが大きいか、貨幣需要の所得弾力性aが小さい。

　　→拡張的財政政策を行った場合、LM₁のときと比べて、LM₂のときは国民所得に対する効果が大きい。

緊縮的財政政策を行った場合も、国民所得に対する効果の大きさは同様に考えることができる。LM曲線の傾きが緩やかなほど、財政政策の国民所得に対する影響が大きいといえる。

【 財政政策の有効度 】

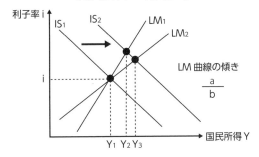

次に、金融政策の効果について考える。

IS曲線の傾きの大きさに応じて、金融政策の有効度が変わってくる。

　　次ページの図のIS₁は、IS₂に比べて傾きが緩やかである。

　　→投資の利子率弾力性bが大きいか、限界消費性向cが大きい。

　　→拡張的金融政策を行った場合、IS₂のときと比べてIS₁のときは国民所得に対する効果が大きい（Y₁ → Y₃）。

　　一方、IS₂はIS₁に比べて傾きが急である。

　　→投資の利子率弾力性bが小さいか、限界消費性向cが小さい。

→拡張的金融政策を行った場合、IS_1のときと比べてIS_2のときは国民所得
　に対する効果が小さい（$Y_1 \to Y_2$）。
　緊縮的金融政策を行った場合も、国民所得に対する効果の大きさは同様に考
えることができる。IS曲線の傾きが緩やかなほど、金融政策の国民所得に対
する影響が大きいといえる。

【 金融政策の有効度 】

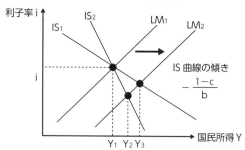

③ 流動性のわなが存在している場合の財政政策・金融政策の効果

　流動性のわなが発生しているときは、財政政策によってIS曲線をシフトさ
せると国民所得がY_1からY_2へ増加するため、財政政策は有効であるといえる。
　一方、金融政策によってLM曲線をシフトさせたとしても、国民所得、利子
率ともに変わらないため、金融政策は無効であるといえる。

【 財政政策は有効（$Y_1 \to Y_2$）】

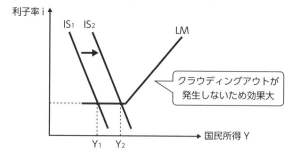

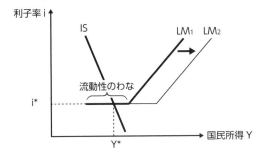

【 金融政策は無効（Ｙは増加せず）】

4 財政政策・金融政策の効果のまとめ

【 財政政策・金融政策の効果のまとめ 】

	財政政策	効果	クラウディングアウト	金融政策	効果
投資の利子率弾力性 b=0 (IS 垂直)	IS IS' LM Y増加	◯	×	LM LM' Y増加せず IS	×
貨幣需要の所得弾力性 a=0 (LM 水平)	IS IS'（流動性のわな）LM Y増加	◯	×	IS（流動性のわな）LM →LM' Y増加せず	×
投資の利子率弾力性 b=∞ (IS 水平)	LM IS →IS' Y増加せず	×	×	LM LM' IS Y増加	◯
貨幣需要の所得弾力性 a=∞ (LM 垂直)	IS IS' Y増加せず LM	×	◯	LM LM' IS Y増加	◯

追加 ポイント

ビルトイン・スタビライザー（自動安定化装置）とは、景気の変動を抑え、自動的に経済を安定させる機能を持つ制度のこと。例 累進課税

過去問
令和3年度 第6問（設問2）財政政策と金融政策の効果　　令和3年度 第8問 金融政策の効果
令和2年度 第6問（設問2）IS曲線が垂直なケースの財政政策・金融政策の効果 ─ クラウディングアウト
令和元年度 第8問（設問2）流動性のわなの状況下における財政政策と金融政策の効果

B 論点12 雇用と物価水準① 総需要曲線と総供給曲線

- 総需要曲線AD：財市場と貨幣市場の同時均衡を表す国民所得Y（＝均衡国民所得）と物価水準Pの組み合わせ
- 総供給曲線AS：労働市場の均衡を表す国民所得Yと物価水準Pの組み合わせ

1 総需要曲線（AD）の導出

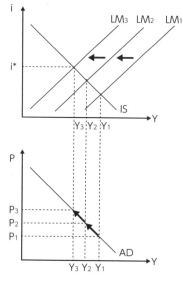

- 物価水準Pの上昇
    - →LM曲線は左にシフト
        （左図：$LM_1 \rightarrow LM_2 \rightarrow LM_3$）
    - 【論点9】より
    - →国民所得Yが低下
        （左図：$Y_1 \rightarrow Y_2 \rightarrow Y_3$）

　　よって、総需要曲線（AD曲線）は縦軸をP、横軸をYとしたとき、左図のとおり右下がりの関係になる。

2 失業の3タイプ、完全雇用

① 非自発的失業：働く意思があるが、働く機会がないため失業している

② 自発的失業：現行の賃金では低すぎて、働く意思がないため失業している

③ 摩擦的失業：地理的、技術的な問題により失業している

④ 完全雇用：①非自発的失業がゼロの状態のこと（②自発的失業や③摩擦的失業は存在している状態）。

3 失業の要因別分類

① 需要不足失業（循環的失業）：不景気時に労働需要（雇用の受け皿）が減少することにより生じる失業

② 構造的失業：労働市場における需要と供給のバランスはとれているにもか
かわらず、企業が求める人材と求職者の持っている特性（職業能力や年齢）
などが異なることにより生じる失業

③ 摩擦的失業：企業と求職者の互いの情報が不完全であるため、両者が相手
を探すのに時間がかかることによる失業

４ 労働市場

今まで財市場、貨幣市場を見てきたが、今度は労働市場について考える。

実質賃金：$\dfrac{W}{P}$（W：名目賃金、P：物価水準）とした場合、労働需要側（労

働を欲する側、すなわち企業側）はなるべく安い給料で雇いたいと考えるため、

実質賃金が低い（高い）→労働需要 D_L が増加（低下）

となる。よって、グラフは右下がりとなる。

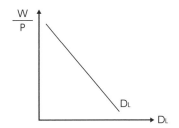

一方、労働供給側（労働を提供する側、すなわち労働者側）はなるべく高い
給料で働きたいので、

実質賃金が低い（高い）→労働供給 S_L が低下（増加）

よって、グラフは右上がりとなる。

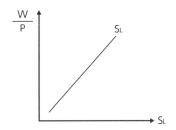

５ 名目賃金に対する、古典派とケインズの想定の違い

労働需要と労働供給に関して、古典派経済学とケインズ派経済学との違いを

考える。

- 古典派：どのような物価水準でも名目賃金が伸縮的に変動すると考える。景気が上昇しても下降しても、賃金もそれに合わせて変動するという考え方である。

  →労働市場において常に完全雇用が実現
  （＝労働市場の均衡点L*が常に存在する）
  →非自発的失業は存在しない。

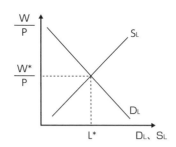

- ケインズ：名目賃金が下方硬直的（ある最低ラインより低下しにくい）であると考える。労働者の賃金は、あるラインよりは下がりづらいという考え方である。

  →労働市場において完全雇用は実現せず、非自発的失業が発生する。
  →雇用水準は、完全雇用水準より低くなる。

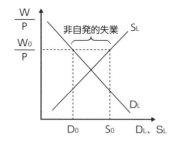

6 総供給曲線（AS）：古典派とケインズの違い

　総供給曲線（AS曲線）とは、与えられた物価水準に対し、経済全体での労働者の雇用と生産の程度を表した曲線である。雇用と国民所得の関係は、以下のとおりである。

　　雇用増加（減少）→国民所得増加（減少）

非自発的失業が発生しない古典派と、非自発的失業が発生するケインズ派とではAS曲線も異なる。

- 古典派：どのような物価水準に対しても名目賃金が伸縮的に変化するため、常に完全雇用が実現する（L*が存在）。

  →完全雇用国民所得Y*で一定

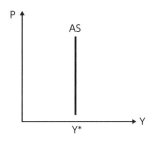

- ケインズ：非自発的失業が存在するため、非自発的失業の物価水準は低い。雇用の水準も低いので国民所得の水準も低い状態となる。完全雇用国民所得の水準までは物価水準を引き上げていかなければならない。そのため、はじめ右上がりで、完全雇用国民所得のところで垂直となる。

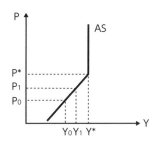

追加 ポイント

ケインズのAS曲線の右上がりの部分では、物価水準Pが下落しかつ名目賃金Wが一定のため実質賃金は上昇する。つまり、
労働需要＜労働供給　→　非自発的失業発生　→　国民所得Yが減少する

令和4年度　第7問（設問1）　物価水準の変動に伴うAD-AS曲線の変化
令和2年度　第8問　失業タイプ　　令和2年度　第9問　価格や賃金の硬直性

論点13　雇用と物価水準② 総需要管理政策

ポイント

> 拡張的政策 (政府支出G↑、減税T↓、貨幣供給M↑)→AD曲線は右シフト
> 緊縮的政策 (政府支出G↓、増税T↑、貨幣供給M↓)→AD曲線は左シフト
> 総需要管理政策：需要側を操作し国民所得の水準を操作する政策である。

1 総需要・総供給分析

　AD曲線とAS曲線の交わる点が、均衡国民所得と均衡物価水準となる。(45度線分析や、IS-LM分析では、物価水準Pは外生的に与えられる前提だったが、AD-AS分析では、労働市場から物価水準Pと国民所得水準Wの関係を出し、この2つの均衡点を決定している。)

- 古典派：総供給曲線ASが垂直なため、均衡国民所得は、需要側 (AD曲線) には全く依存せず、供給側 (AS曲線) 側のみで決定する。
  ＝供給はそれ自身に等しい需要を生み出す [セイの法則]
- ケインズ：AS曲線の垂直な部分でAD曲線と交わるときは古典派と同じである。また、AS曲線が右上がりの部分でAD曲線と交わるときは非自発的失業が存在する。

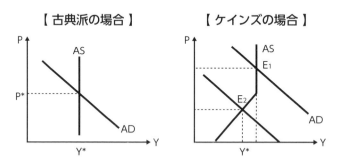

【 古典派の場合 】　　　　【 ケインズの場合 】

2 総需要管理政策

　ケインズの考え方では、需要側 (AD曲線の因子：政府支出G、投資Ⅰなど) が国民所得Yを決めるうえで重要な役割を果たすことになる。これを有効需要の原理という。

　ケイジリアンの総需要管理政策：需要側を操作することで国民所得の水準を

操作する政策。政府の有効需要管理政策(財政政策と金融政策)は、ADをシフトさせることで国民所得Yを変動させる。

- **拡張的な財政政策(政府支出Gの増加↑、減税T↓)**
  →IS曲線は右シフト
  →IS-LM分析で決まる国民所得Yが増加(Y_1→Y_2)→AD曲線も右シフト

【IS曲線右シフト】　　　　【AD曲線右シフト】

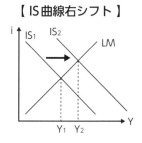 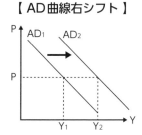

- **拡張的な金融政策(貨幣供給Mの増加↑)**
  →LM曲線は右シフト
  →IS-LM分析で決まる国民所得Yが増加(Y_1→Y_2)→AD曲線も右シフト

【LM曲線右シフト】　　　　【AD曲線右シフト】

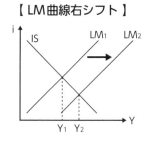 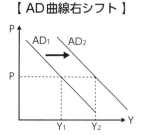

追加 ポイント

ケイジリアンの総需要管理政策(ディマンドサイド政策)は、政府支出増加や貨幣供給の増加等で一国全体の総需要を刺激し(増加させ)、景気を拡大しようとする政策である。

 令和4年度 第7問(設問2) 財政政策と金融政策の効果

論点14 雇用と物価水準③ 有効需要管理政策

ポイント

> 有効需要管理政策の効果
> ・古典派：無効。物価水準Pを上昇させる（インフレが生じる）のみ。
> ・ケインズ：AS曲線が右上がりの部分（非自発的失業が存在する部分）では有効。AS曲線が垂直の部分では無効。

１ 政策の効果：古典派とケインズの違い

①古典派

均衡国民所得は、完全雇用国民所得で一定

→AD曲線をどのようにシフトさせても、国民所得Yは変化せず物価水準Pだけ変化することになる。つまり、政府の行う有効需要管理政策は無効である。拡張的な政策は物価水準Pを上昇させる（インフレ）という効果しか持たない。

②ケインズ

・AS曲線が右上がりの部分（＝非自発的失業が存在する部分）

→拡張的政策によって、均衡国民所得は増加する（$Y_1 \rightarrow Y_2 \rightarrow Y_3$）。

→拡張的政策は物価水準Pも上昇するが、均衡国民所得Yも増加する。

→非自発的失業は減少する。

・AS曲線が垂直の部分

→古典派と同じ。拡張的政策は物価水準を上昇させるのみである。

【 古典派の有効需要管理政策 】　　【 ケインズの有効需要管理政策 】

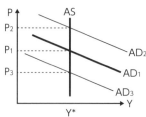　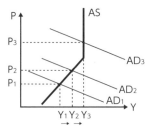

② AS曲線のシフト

　AS曲線は労働市場の均衡により導出されるので、労働市場における生産量
の増減によって、右や左にシフトする。

① AS曲線右シフトの例

- 賃金Wの低下→雇用が増加→生産量が増加→国民所得が増加
- 技術革新→企業の生産性向上→生産量が増加→国民所得が増加

② AS曲線左シフトの例

- 賃金Wの上昇→雇用が減少→生産量が減少→国民所得が減少
- 原油価格の高騰→生産要素投入量の減少→生産量が減少→国民所得が減少

③ インフレの分類

- ディマンドプルインフレ：AD曲線が右にシフトすることで生じる物価水
  準Pの上昇（インフレ）
- コストプッシュインフレ：AS曲線が左にシフトすることで生じる物価水
  準Pの上昇（インフレ）

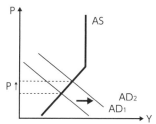

【 ディマンドプルインフレ 】

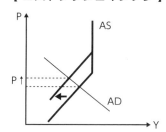

【 コストプッシュインフレ 】

追加 ポイント

供給側政策（サプライサイド政策）は、一国全体の総供給を刺激することで景気
を拡大しようとする政策である。1890年代のアメリカでレーガノミックスとし
て採用された。具体的には、①家計に対して所得減税→労働意欲の増加を期待、
②企業に対して投資減税（規制緩和）→新規投資の増加→労働意欲の増加を期待、
というものである。これにより企業の生産性は向上し、AS曲線は右シフトする。

過去問　過去5年間での出題はない。

論点15 雇用と物価水準④ フィリップス曲線

> フィリップス曲線とは、失業率と名目賃金上昇率 (前年より何％賃金が上昇するかを表した数値) の間に負の相関関係があることを表した曲線である。

1 フィリップス曲線

　フィリップス曲線は、失業率が低いときに名目賃金上昇率が高くなり、失業率が高いと名目賃金上昇率が低くなる関係を表している。

【 フィリップス曲線 】

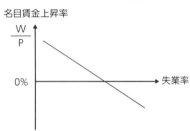

2 物価版フィリップス曲線

　ケインズ派は、名目賃金上昇率と物価上昇率Pの間に一定の関係があるとして、フィリップス曲線の縦軸になる名目賃金上昇率の代わりに物価上昇率Pを用いても同じ右下がりの関係になることを証明した。これを物価版フィリップス曲線という。

【 物価版フィリップス曲線 】

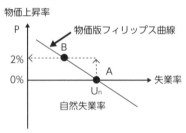

3 マネタリズムによるフィリップス曲線

　マネタリズムでは、フィリップス曲線は短期のみに成立し、長期的にはフィリップス曲線は垂直になると考えた。具体的には以下のとおりである。

- 長期的には、労働者が貨幣錯覚（名目賃金の上昇を実質賃金の上昇と錯覚すること）に気づき、実質賃金が上昇していないことに気づく。
- 労働者は労働供給量を以前と同じ水準に戻す。
- その結果、失業率が自然失業率に戻る。
- 総需要管理政策による物価の上昇は維持される。
- 上記の結果、物価が上昇したまま失業率が上昇し、経済の均衡点C点に移動する。

　マネタリズムによるフィリップス曲線をまとめると、短期的には、「貨幣錯覚」により有効需要管理政策は有効で失業率を低下させるが、長期的には、失業率が元の自然失業率に戻り、物価上昇率だけが上昇する、ということになる。

【 長期フィリップス曲線 】

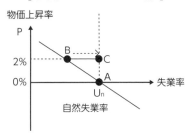

過去問　令和元年度　第9問　自然失業率仮説

B **論点16** 国際収支と為替変動① 為替レート

> 為替レートを決定する理論は、主に購買力平価説と金利平価説がある。

1 為替レートの決定理論

為替レートを決定する理論は次のとおりである。

【 為替レートの決定理論 】

名　称	特　徴
購買力平価説	物価と為替レートにおいて、各国の購買力が一致するように為替レートが調整されるという考え方である。中長期的には、同じ商品はどこで販売しても同じ価格となる。
金利平価説	各国間で資産の運用益が一致するように為替レートが調整されるという考え方である。つまり、自国通貨建て資産と外貨建て資産のどちらに投資しても同じリターンが得られるように為替レートが決まる。

2 国際収支

国際収支とは、経常収支と資本収支の合計である。経常収支は貿易収支等から成り立ち、資本収支は、直接投資や証券投資から成り立つ。なお、経常収支と貿易収支は同じものとして説明する。

【 代表的な経常収支の決定理論 】

名　称	特　徴
ISバランスアプローチ	経常収支を民間支出と財政収支の合計と捉える考え方である。(輸出X−輸入Y)＝(貯蓄S−民間投資I)＋(租税T−政府支出G)
アブソープション・アプローチ	アブソープションとは、国内の総支出(内需)のことである。経常収支は、国内総生産とアブソープションの差と捉える考え方である。

❸ J カーブ効果

J カーブ効果とは、自国通貨安（たとえば円安）になった場合、短期的には貿易収支が悪化するが、長期的には貿易収支が改善する現象をいう。自国通貨高（たとえば円高）の場合は逆の動きとなる。J カーブ効果は下図の形状になる。

【 J カーブ効果 】

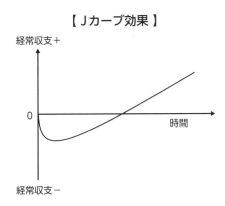

J カーブ効果の具体的な動きは次のようになる。円安になった場合、輸入が減少し輸出が拡大し経常収支は即座に改善に動くはずである。しかし、輸出入の数量を長期契約で決めている場合が多く、為替レートによる数量変化が即座には発生せず当初は経常収支の悪化をもたらす。しかし、時間の経過とともに円安本来の効果で経常収支が改善する。

追加 ポイント

- マーシャル・ラーナー条件とは、以下の式が成り立つことである。
    輸出の価格弾力性＋輸入の価格弾力性＞１
- 短期的には、マーシャル・ラーナー条件は成り立たないが、長期的には成り立つため、J カーブ効果が発生する。

過去問
令和5年度　第9問　為替変動要因
令和4年度　第9問　金利平価説と為替レート
令和元年度　第7問　為替レートの決定理論－金利平価説、購買力平価説

A **論点17** 国際収支と為替変動② マンデル＝フレミングモデル

> マンデル＝フレミングモデルは、開放経済における財政・金融政策の効果を分析するものである。変動為替相場制および固定為替相場制のそれぞれの観点で分析する。

1 マンデル＝フレミングモデル

　BP曲線とは、国際収支均衡曲線のことで国際収支の均衡を表す利子率と国民所得の関係を表す曲線である。国際収支は、経常収支（主に貿易収支から成り立つ）と資本収支（直接投資や証券投資から成り立つ）の合計である。

　一般的には、BP曲線が水平となる資本（資金）移動が完全であるケースを考える。

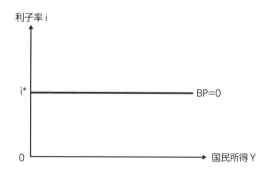

① 自国の利子率 i ＝世界利子率 i^* のとき

　BP＝0の水平な曲線となる。

② 自国の利子率 i ＞世界利子率 i^* のとき

　自国通貨の利子率が高いため、自国通貨高となり、資本が流入する。そのため、国際収支は黒字となる。BP曲線より上の部分を示す。

③ 自国の利子率 i ＜世界利子率 i^* のとき

　自国通貨の利子率が低いため、自国通貨安となり、資本が流出する。そのため、国際収支は赤字となる。BP曲線より下の部分を示す。

　経済の均衡点がBP曲線より上にある場合は、国際収支は黒字となり下にある場合は赤字となる。

開放経済における財政・金融政策の効果を、IS-LM曲線にBP曲線を加えて分析する。

• **資本の移動が完全な場合の変動為替相場制における財政拡大政策の効果**

　当初、経済の均衡点がEであり、国民所得がY^*であったとする。ここで、財政拡大政策により政府支出を増加させると以下のような流れとなる。

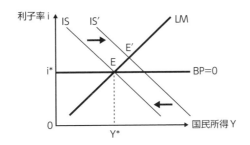

1. IS曲線が右にシフトし均衡点がE'となる
2. 均衡点E'は、BP曲線より上になるので利子率が拡大し、円高となる
3. 円高になると輸出が減少し、輸入が増加する
4. 輸入が増加すると、国内財市場の供給が低下する
5. IS曲線が左にシフトする
6. 均衡点はEに戻り、国民所得は不変となる

　以上より、政府支出を増加させても円高により輸出が減少するため、国民所得は不変となり、財政政策は無効となる。

• **資本の移動が完全な場合の変動為替相場制における金融緩和政策の効果**

　当初、経済の均衡点がEであり、国民所得がY^*であったとする。ここで、金融緩和政策により中央銀行がマネーストックを増加させると以下の流れとなる。

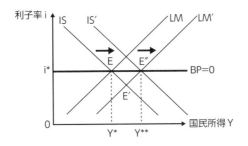

1. LM曲線が右にシフトし均衡点がE′となる

2. 均衡点E′は、BP曲線より下になるので利子率が低下し、円安となる

3. 円安になると輸出が増加し、輸入が減少する

4. 輸出が増加すると、国内財市場の需要が増加する

5. IS曲線が右にシフトする

6. 均衡点はE″に移動し、国民所得はY*からY**に増加する

以上より、金融緩和政策により国民所得が増加するため金融政策は有効である。

- **資本の移動が完全な場合の固定為替相場制における財政拡大政策の効果**

当初、経済の均衡点がEであり、国民所得がY*であったとする。ここで、財政拡大政策により政府支出を増加させると以下のような流れとなる。

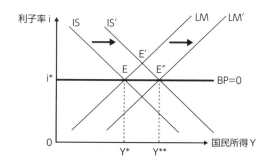

1. IS曲線が右にシフトし均衡点がE′となる

2. 均衡点E′はBP曲線より上なので、利子率が増加し外貨が流入する

3. 固定相場制なので、貨幣の需給調整のために中央銀行が介入する

4. 中央銀行の買い介入により、マネーストックが増加する

5. LM曲線が右にシフトする

6. 均衡点がE″に移動し、国民所得はY*からY**に増加する

以上より、財政拡大政策により国民所得が増加するため財政政策は有効である。

- **資本の移動が完全な場合の固定為替相場制における金融緩和政策の効果**

当初、経済の均衡点がEであり、国民所得がY*であったとする。ここで、金融緩和政策により中央銀行がマネーストックを増加させると次のような流れとなる。

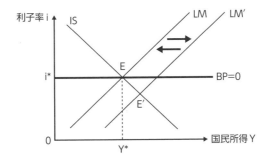

1. LM曲線が右にシフトし均衡点がE′となる
2. 均衡点E′はBP曲線より下なので、利子率が低下し円が流出する
3. 固定相場制なので、貨幣の需給調整のために中央銀行が介入する
4. 中央銀行の売り介入により、マネーストックが低下する
5. LM曲線が左にシフトする
6. 均衡点がEに戻り、国民所得は変化しない

以上より、金融緩和政策により国民所得は不変であるため金融政策は無効である。

• まとめ

変動相場制		固定相場制	
財政政策 無効	金融政策 有効	財政政策 有効	金融政策 無効

追加 ポイント

- 本題で説明したものは資本移動が完全に自由になる場合を想定している。資本移動がない場合は、変動相場制：財政政策有効、金融政策有効、固定相場制：財政政策無効、金融政策無効となる。
- 不胎化政策とは、中央銀行による為替レートの水準を調整するための方法（為替介入）として、マネーストックを一定に保つようにする政策のことである。

過去問

令和5年度　第10問（設問1）　マンデル＝フレミングモデル
令和5年度　第10問（設問2）　マンデル＝フレミングモデル
令和3年度　第10問　マンデル＝フレミングモデル
令和2年度　第11問　マンデル＝フレミングモデル

B 論点18 消費と投資

> ケインズ理論は、有効需要の原理をもとに考えられている。その際、消費決定の考え方としてケインズ型の消費関数をもとにしている。ただし、ケインズ型消費関数にも欠点があり、その他の消費理論が考えられた。

1 有効需要の原理

　ケインズは「消費者による需要の大きさが先にあり、生産者による供給がそれに合わせる」という有効需要の原理を主張した。有効需要とは、貨幣支出を伴う需要であり、国民所得の大きさは有効需要の大きさで決まる。つまり、生産者がどれだけ作ったかではなく、どれだけ需要があるかで国民所得が決まる。

2 ケインズ型消費関数とクズネッツ型消費関数

　絶対所得仮説による、ケインズ型消費関数【論点2】$C = cY + A$では、Aは正と仮定されていたため、所得が増加すると限界消費性向は低下するとしたが、アメリカの経済学者であるクズネッツは、この平均消費性向は0.9で一定になると主張した。この結果、短期の消費行動は、ケインズ型になるが、長期の消費行動ではクズネッツ型になることがわかった。この理論を証明するために、消費の三大仮説が考え出された。

【 消費の三大仮説 】

名　称	特　徴
恒常所得仮説	フリードマンにより発表された仮説である。 所得を恒常所得と変動所得の2種類に分けて考える理論である。 所得=恒常所得+変動所得 このとき、消費は恒常所得のみに依存するとした。 恒常所得とは、給料など将来平均的に得られる所得である。 変動所得とは、宝くじ当選など一時的に得られる収入である。
ライフサイクル仮説	モディリアーニにより発表された仮説である。 消費は、生涯所得 (一生の間に得ることができる所得の額) に依存するという理論である。

相対所得仮説	デューゼンベリーにより発表された仮説である。 個人の消費は現在の所得のみならず、過去最高の所得に依存（時間的相対所得仮説）や同じような所得を得ている他の家計の消費にも影響を受ける（空間的相対所得仮説）とした。 また時間的相対所得仮説では、過去の最高所得に消費が影響を受けるため、一時的に所得が下がっても、それほど消費が減少しないとした。このことを歯止め効果という。

3 投資の理論

　ケインズは投資を投資と利子率を結び付ける限界効率理論によって説明した。しかし、ケインズ以外にも投資に対する理論は考え出されている。

【 投資の理論 】

名　称	特　徴
加速度原理	設備投資GDPの変化分に比例して変動するという原理。つまり、生産拡大の速度が大きくなるほど、投資も拡大すると考える。
トービンのq理論	株価総額と負債総額の合計である企業価値が、現存の資本ストックを再び購入するために必要とされる資本の再取得費用を上回るほど、設備投資が実行されると考える理論である。 $$トービンのq = \frac{企業価値}{資本の再取得費用} > 1$$

追加 ポイント

- ピグー効果とは、個人消費が貨幣の実質的価値に依存することを意味する。具体的には、物価水準が上昇すると、貨幣の実質的価値が低下し、消費も減少すると考えられている。
- 資本ストック調整原理とは、加速度原理における時間差異調整係数によって表した景気循環理論の1つ。投資の調整速度が大きいほど、投資が増加する。

過去問　令和4年度　第4問　絶対所得仮説における所得と消費の関係
令和3年度　第4問　一時金の経済効果−消費の3大仮説
令和2年度　第7問　トービンのq　　令和元年度　第4問　消費の三大仮説

B 論点19 景気循環と経済成長

- ・景気循環には代表的な4種類がある。
- ・成長会計では、成長率は全要素生産性、資本の伸び、労働投入の伸びに分けられる。

1 景気循環の種類

　景気の変動が周期的に繰り返す現象を景気循環、長期的に拡大傾向に変化する現象を経済成長として区別する。景気循環は原因に対応する周期により、以下の4種類に区別されている。

①キッチンの波

　周期40ヵ月程度の景気変動で、在庫調整を主な原因とする。

②ジュグラーの波

　周期10年程度の景気変動で、設備投資の調整を主な原因とする。

③クズネッツの波

　周期20年程度の景気変動で、建設活動の変化を主な原因とする。

④コンドラチェフの波

　周期50年程度の景気変動で、戦争・技術革新等を主な原因とする。

2 マネタリストによる景気循環理論

　マネタリストのフリードマンは、情報の不完全性を前提とし、政府の金融政策による名目貨幣供給量の増加を労働者が実質賃金率の上昇と錯覚することで、労働量の増加を通じ生産量の増加が図られるものと考えた。一方政策の決定から実行・効果波及までにはタイムラグがあるため、不況時の金融政策の効果が好況期に現れることで景気循環が生じるとした。

3 リアル・ビジネスサイクル理論

　景気循環は、物価水準や通貨供給量などの名目的要因ではなく、生産技術の変化や財政政策などの実物的な要因によって引き起こされるとする理論モデルである。

4 ケインズ派の経済成長理論

　ハロッド＝ドーマー理論は、物価と資本係数が一定であることを仮定したために調整機能が働かず、経済が不安定になることを示したものである。

5 新古典派の経済成長理論

　ソロー＝スワンモデルは、物価と資本係数が伸縮的であることを仮定したために調整機能が働き、経済が安定化することを示したものである。以下にグラフを用いて説明する。

　1人当たりの国民所得をy、1人当たりの資本（資本装備率）をk、貯蓄率をs、1人当たりの生産関数を$y=f(k)$とするとき、ソロー方程式は、

　　　$\Delta k = s \cdot f(k) - n \cdot k$

となる。図においてk_1において$s \cdot f(k)$は$n \cdot k$より大きく、このとき$\Delta k > 0$となりkは増加し、k_2において$s \cdot f(k)$は$n \cdot k$より小さく、このとき$\Delta k < 0$となりkは減少し、均衡資本装備率k^*に収束し安定化する。

【 ソロー＝スワンモデル 】

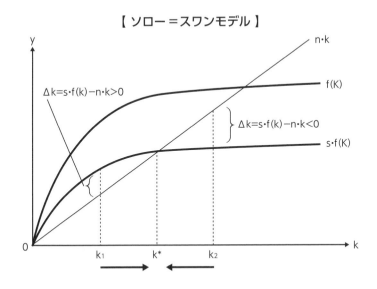

6 成長会計

　マクロ経済をコブ＝ダグラス型生産関数と仮定し、国民所得をY、資本量を K、労働量をL、αは定数で、0＜α＜1として、

$$Y=AK^{\alpha} \cdot L^{1-\alpha}$$

と表される。これを変形すると、

$$\Delta Y / Y = \Delta A / A + \alpha \cdot \Delta K / K + (1-\alpha) \cdot \Delta L / L$$

と表せる。これは、

　　　経済成長率＝①全要素生産性の成長率＋②資本投入の伸び（資本分配率 ×資本投入の成長率）＋③労働投入の伸び（労働分配率×労働投入の成 長率）

となることを表している。

　わが国の近年の状況は、②における橋や道路等の狭義の資本投入はマイナス、 ③の労働人口は減少に転じており、今後の経済成長を図っていくためには、

　①技術革新等による生産性の向上

　②教育制度の改革による優秀な人材など②における広義の資本の増加

　③女性や高齢者の労働環境の改善による労働人口の増加

を図っていく政策が求められている。

追加 ポイント

AKモデルではY=AKという関係が仮定される。Aは生産技術、Kは資本である。 特にKの資本は人的資本を表している。

過去問
令和4年度　第8問　景気循環
令和3年度　第12問　全要素生産性 (TFP) の定義
令和元年度　第20問　コブ＝ダグラス型生産関数

論点20 マネタリズム・古典派と新古典派理論

> マクロ経済学にはさまざまな考え方が存在する。ケインズ理論以外に、古典派、マネタリズム、新古典派などが存在する。

1 マネタリズム

マネタリズムとは、新古典派経済学を代表するミルトン・フリードマンが唱えた「貨幣数量説」による通貨政策重視の考え方のことで、これを支持する経済学者たちのことをマネタリストと呼ぶ。基本的に経済は自由な市場に委ねるべきであり、物価や経済の安定のためには貨幣政策をコントロールすることこそ最も重要であるとする考え方である。

【 主なマネタリズムの理論 】

名　称	特　徴
貨幣数量説	古典派で考えられた、貨幣量と物価水準との間に一方的な因果関係を認め、貨幣量の変動が物価水準の変化をもたらすという考え方。フリードマンは、経済安定達成の方法として、貨幣供給量は経済成長率に見合った一定率で増加するルールに基づく貨幣政策の実施を提唱した。これを新貨幣数量説という。新貨幣数量説は、各国の中央銀行が最近採用するようになったマネーストック重視の金融政策に少なからず影響を与えている。
K%ルール	マネーストックはK%という一定率で供給し、あとは市場機構の安定効果を期待すべきという金融政策運営方式である。

2 古典派と新古典派の理論

古典派とは、ケインズ以前のマクロ経済学の理論をいう。古典派は、以下のような特徴がある。

- 供給は自ら需要を作りだすという考え方（セイの法則）に従う
- 政府の力に頼らない自由主義経済を理想とした
- 金融緩和政策は無効となる
- 労働市場において常に完全雇用が実現する

新古典派は、70年代に古典派の流れを汲む理論として登場した。主な特徴は以下のとおりである。
- 合理的期待形成仮説に基づく
- 価格は伸縮的に変化する

❸ ケインズと各理論の比較

【 ケインズとフリードマンの比較 】

	ケインズ	フリードマン
政策目標	非自発的失業を解消	インフレの沈静化
発動する政策	拡張的財政政策・金融政策	k％ルールによる金融政策
失業の原因	有効需要の縮小	短期的な現象であり、長期的には自然失業率で安定
インフレ原因	有効需要の拡大	マネーストックの過剰

【 ケインズと古典派の比較 】

	ケインズ	古典派
市　場	市場の失敗が存在する	常に機能する
価　格	硬直的である	十分伸縮的に変化する
政　策	政府の介入が望ましい	政府の介入は望ましくない

追加 ポイント

- リカード＝バローの等価定理とは、増税も国債発行による財源の調達でも、個人消費にとっては同じ影響となるという定理である。合理的期待形成学派の考え方の1つである。
- AKモデルではY＝AKという関係が仮定される。Aは生産技術、Kは資本である。特にKの資本は人的資本を表している。

過去問　過去5年間での出題はない。

ミクロ経済学

A 論点1 需要・供給・弾力性の概念

ポイント

需要曲線は、ある財の価格と消費量の関係を表す曲線である。価格が1%変化した場合に需要量が何%変化するかを表すものが、需要の価格弾力性である。

1 需要曲線

消費者は、財の消費によってのみ満足度を得て、かつその満足度を最大化するように行動するという前提条件のときに、ある財の価格が安ければ需要量が増え、高くなれば需要量が減るという現象を表した曲線が需要曲線である。したがって、需要曲線は右下がりになる。

【 需要曲線 】

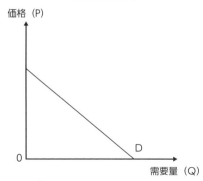

需要曲線がシフトする要因は、以下のようなものがある。

- 所得の増減
- 代替財（その財の価格の上昇が一方の財の需要量を増大させる財）の価格変化
- 補完財（その財の価格の下落が一方の財の需要量を増大させる財）の価格変化
- 消費者の嗜好の変化

たとえば、消費者の所得が増減した場合を考える。消費者の所得が増加すると、収入が増えることになるので、価格が高くても買うようになり、また同じ価格であればより多く買うようになる。この場合、需要曲線は右上にシフトす

る（D→D′へ移動）。一方で、所得が減少した場合は、収入が減るため、価格が安くないと買わなくなり、かつ同じ価格であれば買う量を控える。この場合、需要曲線は左下にシフトする（D→D″へ移動）。

【 需要曲線の移動 】

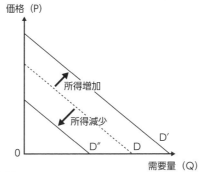

2 需要の所得弾力性

需要の所得弾力性は、所得が1%変化したときに需要量が何%変化するかを表したものである。

$$需要の所得弾力性 = \frac{需要量の変化率}{所得の変化率}$$

需要の所得弾力性の値によって財を分類することができる。

【 需要の所得弾力性による財の分類 】

財の名称	所得弾力性の値	消費量の変化
上級財	所得弾力性＞0	所得の増加で需要量が増加する財である。上級財はさらに2つに分けられる。 奢侈品：所得の増加率＜需要量の増加率 必需品：所得の増加率＞需要量の増加率
中立財	所得弾力性＝0	所得の増加で消費量が変わらない財である。
下級財	所得弾力性＜0	所得の増加で消費量が減少する財である。

3 需要の価格弾力性

需要の価格弾力性は、価格が1%変化したときの需要量が何%変化するかを表したものである。

$$需要の価格弾力性 = \frac{需要量の変化率}{価格の変化率}$$

需要量の変化を一定とした場合、傾きが緩やかな需要曲線（D′）と傾きが急な需要曲線（D″）のそれぞれの価格の変化量（⊿P′、⊿P″）は、下図のとおりとなる。

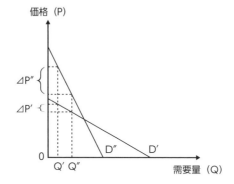

　⊿P′と⊿P″は⊿P″のほうが大きいため、以下の関係となる。
・価格弾力性が小さいと需要曲線の傾きは急になる
・価格弾力性が大きいと需要曲線の傾きは緩やかになる
　また、価格が高いときと低いときの需要の価格弾力性を考えると、価格が高く需要量が低い場合（下図点A）は、少し価格が下がるとつい買いすぎるようになる。一方で、価格が低く需要量が多い場合（下図点B）では、すでに価格が低いためこれ以上価格が下がってもあまり買う量は増えない。

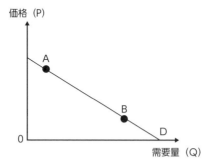

　以上より、同一需要曲線上での需要の価格弾力性は、以下の特徴を持つ。
・同一需要曲線上では、左上に行くほど需要の価格弾力性は大きくなる

◪ 供給曲線

　生産者は、財を生産することで利潤を最大化するように行動する前提条件の
ときに、ある財の価格が高ければ生産量を増大させ、価格が安くなれば生産を
減少させる。したがって、供給曲線は右上がりになる。

【 供給曲線 】

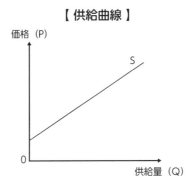

　供給曲線がシフトする要因には、財を生産するための生産要素の価格変化な
どがある。たとえば、原材料の調達価格が低下すると、同じ価格でより多くの
生産が可能となり供給曲線は右下にシフトし、原材料の調達価格が高騰すると、
同じ価格で生産できる量が減少し、供給曲線は左上にシフトする。

【 供給曲線の移動 】

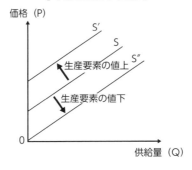

- エンゲル曲線とは、横軸に所得、縦軸に財の需要量をとる、所得と財の需要量の変化の関係を示す曲線である。下級財であれば所得の増加により需要量が減少する右下がりの曲線に対し、上級財は所得の増加により需要量が増加する右上がりの曲線となる。
- 経済財とは、人間の欲求の対象となりかつ稀少性があるもので、獲得するために経済的代償 (お金など) が必要な財。獲得にあたり、逆に (処分代金などとして) 金銭を受け取るような中古品は、経済財とはいえない。
- ラムゼイ・ルールとは、需要の価格弾力性が低い財ほど課税による資源配分の非効率があまり生じないので、相対的に高い税率を課すことが望ましいとするものである。

論点2 市場均衡・不均衡

ポイント

市場均衡とは、需要と供給とが等しくなる価格P*が成立している状態のことである。完全競争市場では、市場が均衡するように価格が決まるとされている。したがって、均衡が成立していない場合は均衡関係に調整される。

◪ 市場均衡と市場不均衡

　市場が均衡している状態は、ある財の価格がP*で成立している状態である。このときのP*を均衡価格、点Eを均衡点という。一方で、市場が不均衡な状態とは、ある財の価格がP*以外（P′やP″）で成立している状態である。

　下図において、価格P′の場合は、供給量＞需要量となっている。つまり供給超過状態になっている。価格P″の場合は、需要量＞供給量となっている。つまり需要超過状態になっている。

【 市場均衡の需要曲線・供給曲線 】

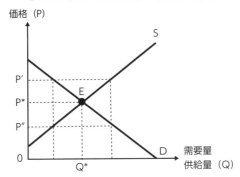

◪ 市場の調整

　不均衡状態にある市場は、均衡状態になるように調整される。調整されている過程には、価格の変化により調整される過程と供給量の変化により調整される過程の2つの考え方がある。

【 市場の調整過程 】

名　称	特　徴
ワルラス的調整過程	価格の変化による調整過程である。
マーシャル的調整過程	供給量の変化による調整過程である。

　ワルラス的調整過程では、超過供給にある場合は売れ残りが生じている状態であるため、価格が下落し価格P*に近づくことで市場均衡状態となる。

　一方、超過需要にある場合は、品不足が発生している状態であるため、価格が上昇し価格P*に近づくことで市場均衡状態となる。

【 ワルラス的調整過程 】

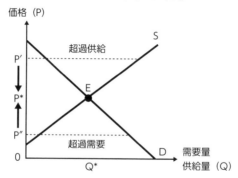

　マーシャル的調整過程では、財の価格が超過供給価格、つまり企業が買ってほしいと考えている価格より市場が買いたいと考えている価格のほうが下回っている場合、企業は供給量を減らし供給量S*に近づくことで市場均衡状態となる。

　一方、財の価格が超過需要価格、つまり市場が買いたいと考えている価格を企業が買ってほしいと考えている価格が上回っている場合、企業は供給量を増やし供給量S*に近づくことで市場均衡状態となる。

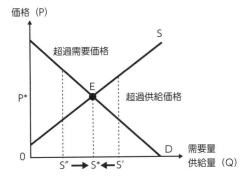

【 マーシャル的調整過程 】

価格（P）

超過需要価格

S

P*　　　　　E　　超過供給価格

需要量
供給量（Q）

0　　　S″ → S* ← S′

D

3 市場の安定・不安定

　市場均衡状態に近づく調整が行われる場合は、市場が安定的であるといえる。一方、市場均衡状態から離れる調整が行われる場合は、市場が不安定的であるといえる。

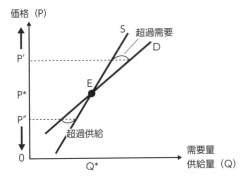

【 ワルラス的に不安定な例 】

価格（P）

S　超過需要
D

P′

P*　　　　E

P″

超過供給

需要量
供給量（Q）

0　　　Q*

　ワルラス的に安定している市場では、超過供給の場合に売れ残りが生じ、価格が下落することで市場均衡状態となった。また、超過需要の場合に商品過少状態となり、価格が上昇することで市場均衡となった。

　ワルラス的に不安定な市場では、超過供給部分では売れ残りが生じるため価格がさらに下落し、均衡価格P*から離れていく。一方、超過需要部分では品不足であるため価格がさらに上昇し、均衡価格P*から離れていく。

【 マーシャル的に不安定な例 】

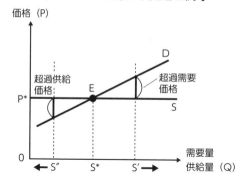

　マーシャル的に安定している市場では、財の価格が超過供給の場合、企業は供給量を減らし供給量S*に近づくことで市場均衡状態となった。また、財の価格が超過需要価格の場合、企業は供給量を増やし供給量S*に近づくことで市場均衡状態となった。

　マーシャル的に不安定な市場では、財の価格が超過供給価格の場合、売れ残りが生じるため企業はさらに供給量を減らし、供給量S*から離れていく。一方、財の価格が超過需要価格の場合、品不足であるために企業はさらに供給量を増やし、供給量S*から離れていく。

過去問　令和3年度　第13問　需要曲線・供給曲線のシフトによる均衡価格への影響
令和3年度　第14問　需要曲線・供給曲線のシフトによる売り手の収入への影響

A 論点3 競争的市場の資源配分機能

ポイント

余剰分析は、ある市場での取引が、資源配分の点から最適といえるかどうかを考えるものである。余剰が最大であれば、最適な取引であるといえる。余剰分析では、消費者余剰と生産者余剰について分析をする。

1 消費者余剰

消費者余剰は、消費者がある財を買う際にどれだけ得をしたか（支払ってもよい最大の価格と実際に支払った額の差額）を表したものである。具体的には、ある財が価格P^*のとき、需要量はD^*となり、消費者余剰は△P^*EPとなる（下図参照）。

2 生産者余剰

生産者余剰は、企業がある財を売ってどれくらい得をしたかを表している。厳密には、生産者余剰は収入から可変費用を引いたもので表される。具体的には、ある財が価格P^*のとき、供給量はS^*となり企業の総収入は□P^*ES^*0となる。完全競争市場の下では、供給曲線と限界費用曲線は等しくなるため、限界費用は□PES^*0となる。したがって、生産者余剰は△P^*EPとなる（下図参照）。

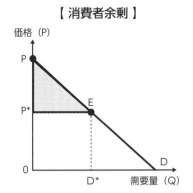

【消費者余剰】　　　　　　　　　　【生産者余剰】

3 社会的総余剰

社会全体の余剰は社会的総余剰と呼び、以下で定義される。

　　　社会的総余剰＝消費者余剰＋生産者余剰＋政府の余剰

完全競争市場では、社会的総余剰は最大化される。

４ 従量税

　生産者に対する従量税(生産1単位当たりにt円を課税するもの)の効果を考える。今、政府がある財に対して従量税t円を課したとする。企業は生産量を1単位増加させると政府にt円に租税を払う。つまり、限界費用がt円上昇する。限界費用がt円上昇すれば、供給曲線もt円上昇する。

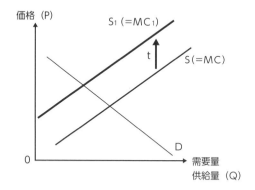

５ 従量税の余剰分析

　課税前の総余剰は、消費者余剰:△P₁EP* ＋生産者余剰:△P₂EP*である。課税後の総余剰は、消費者余剰:△P₁E₁P** ＋生産者余剰:△P₂FP*** ＋政府の余剰(税収)となる。したがって、課税前と課税後の余剰を比較すると、課税後は△EE₁Fだけ総余剰が減少している。この減少分を死荷重(厚生損失)という。

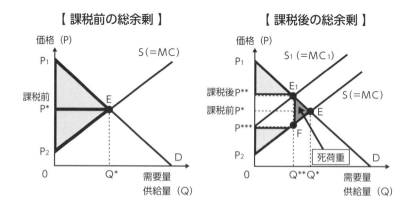

6 従価税

　生産者に対する従価税（生産者価格に税率tを乗じた金額の課税）の効果を考える。今、政府がある財に対して従価税tP円を課したとすると、消費者価格はP＋tP円となる。すなわち、企業は課税後にすべての供給量に対して、これまでの価格の$(1+t)$倍の価格で販売しようとする。つまり、限界費用が$(1+t)$倍となる。限界費用が$(1+t)$倍となれば、供給曲線の傾きが急になる。

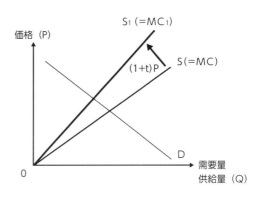

7 従価税の余剰分析

　課税前の総余剰は、従量税の場合と同様である。課税後の総余剰は、消費者余剰：$\triangle P_1E_1P^{**}$＋生産者余剰：$\triangle P_2FP^{***}$＋政府の余剰（税収）となる。したがって、従量税の場合と同じように、課税前と課税後の余剰を比較すると、課税後は$\triangle EE_1F$だけ総余剰が減少している。

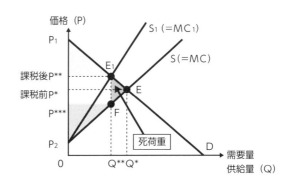

8 補助金の効果

　政府が低価格規制を行い、補助金を出して均衡価格よりも低価格で生産者に販売させようとした場合を考える。価格がP^{***}に規制されると、需要が拡大して均衡点がFとなる。この際の消費者余剰は、$\triangle P_1FP^{***}$となる。一方で生産者側は、価格を上昇させないと採算が取れなくなってしまう。この価格の上昇分（線分E_1F）を政府側が補助金として拠出し、生産者価格をP^{**}とした場合、

生産者余剰は△P**E₁P₂となる。

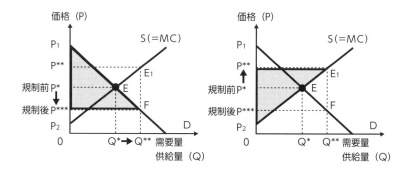

政府の余剰は、補助金として拠出したためにマイナスとなり、－□P**E₁FP***となる。よって、社会的総余剰は、消費者余剰（△P₁FP***）＋生産者余剰（△P**E₁P₂）－政府の余剰（□P**E₁FP***）となる。規制前の社会的総余剰と比べると、△EE₁Fの分だけ総余剰が減少している。

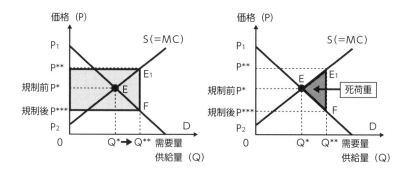

⑨ 関税をかけた場合の効果

　関税がかかっていない状態から政府が関税をかけることで、輸入品の価格がP*からP**に上昇する場合を考える。価格上昇により、国内の消費者余剰は△P₁F₁P*から△P₁F₂P**へ減少する。一方で、国内の生産者側は国外からの輸入品に関税がかかり価格が上昇することで、△P₂E₁P*から△P₂E₂P**へ増加する。つまり消費者から生産者への余剰の移動が発生している（次の左図参照）。また、関税がない状態から関税をかけることで、関税による収入で政府の余剰は□E₂F₂XY増加する。

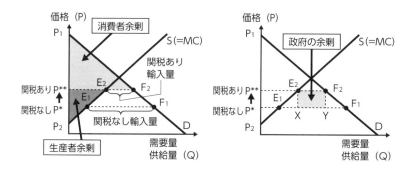

　関税をかけた場合の総余剰（社会的余剰）について考える。下の左図のとおり関税がない場合の総余剰は、消費者余剰△$P_1F_1P^*$と生産者余剰△$P_2E_1P^*$の合計である。それに対し、下の右図のとおり関税がある場合の総余剰は、消費者余剰△$P_1F_2P^{**}$、生産者余剰△$P_2E_2P^{**}$および政府の余剰□E_2F_2YXの合計である。これより関税をかけることによって、△E_2XE_1と△F_2F_1Yの合計が死荷重となり、総余剰が減少する。

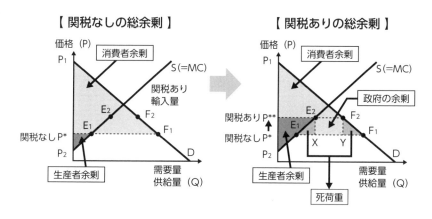

【 関税なしの総余剰 】　　　　　【 関税ありの総余剰 】

B 論点4 比較生産費と貿易理論

ポイント

リカードの比較優位説とは、2国間で2財をどのように貿易するかを説明するものである。また、貿易には自由貿易と保護貿易があり、保護貿易では自由貿易よりも余剰が減少し死荷重が発生する。

◆ リカードの比較優位説

2国間（A国、B国）にて2財（生産物A、生産物B）を生産しているとする。下の表では、各生産物を1単位生産するために必要な労働投入量を表している。この場合に、各国はどの生産物に生産を特化するべきかを検討する。

	生産物A	生産物B
A国	2	3
B国	6	4

・絶対優位

上の表では、生産物Aも生産物BもB国よりA国のほうが、1単位当たりの労働投入量が少ない。このように、1単位当たりの生産量に対して少ない労働投入量で済むことを絶対優位を持つという。つまり、A国はB国に対して生産物A及び生産物Bについて絶対優位を持つ。

・比較優位

ある財の生産を1単位増やした場合、他の財の生産がどれだけ減少するかを検討する。ある財の生産を1単位増やそうとする場合に、他の財の生産量の減少が少なくて済むことを、比較優位を持つという。

比較優位を考える際は、2財のどちらか一方の数値が同じ数字になるように調整をしたうえで、もう一方の財の数値を比較すればよい。具体的には、生産物Aを1とすると下の表のようになり、B国が生産物Bで比較優位であるとわかる。同様に生産物AはA国が比較優位を持つ。

	生産物A	生産物B
A国	1	$3/2 = 1.5$
B国	1	$4/6 = 0.67$

② 比較優位理論

比較優位理論（比較生産費説）においては、各国は自国が比較優位にある財の生産に特化し、比較優位を持たない財は輸入することが両国にとって利益をもたらすと考える。具体的には、A国は生産物Aの生産に特化し、生産物BはB国から輸入すると考える。

③ 自由貿易と保護貿易

自由貿易により経済は閉鎖経済から開放経済へと移行する。閉鎖経済では、均衡点はEとなり、社会的総余剰は、$\triangle EP_1P_2$となる。開放経済では、国内の消費者は国際価格で消費し（需要量：Q^{**}）、国内の生産者は国際価格で生産する（供給量：Q^*）ようになる。需要量と供給量の差（$Q^{**} - Q^*$）は、海外からの輸入にて賄う。したがって、社会的総余剰は、$\triangle EP_1P_2 + \triangle EFG$と閉鎖経済に比べて$\triangle EFG$だけ余剰が増加する。

ただし、生産者余剰は$\square P^*EFP^{**}$だけ減少するため、保護貿易が必要となる。

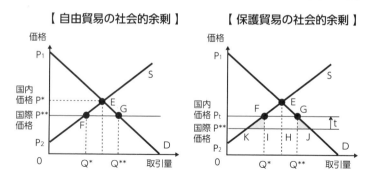

【 自由貿易の社会的余剰 】　　　**【 保護貿易の社会的余剰 】**

保護貿易では、政府が関税を導入する。その結果、均衡点はGとなる。国内消費者は国内価格P_tで消費し、国内生産者は国内価格P_tで生産する。$Q^{**} - Q^*$は、海外からの輸入にて賄う。結果、国内総余剰は$\triangle GP_tP_1 + \triangle FP_tP_2 + \square FGHI$（関税収入）となり、自由貿易と比較し死荷重$\triangle FKI + \triangle GJH$が発生する。

追加 ポイント

ヘクシャー・オリーン定理とは、自国が持つ生産要素を集約的に使う産業に比較優位を持つという理論である。

過去問　令和5年度　第21問　貿易自由化による余剰分析　　　令和4年度　第18問　比較優位説
　　　　令和3年度　第23問　自由貿易協定における余剰分析

論点5　「市場の失敗」と外部性

> 市場の失敗とは、市場が機能せず自由取引だけでは最適な資源配分が成立しなくなることである。市場の失敗が起こり得るケースとして、外部性の存在が挙げられる。

1 パレート最適（効率的）

厚生経済学には2つの基本定理がある。

【 厚生経済学の定理 】

名　称	特　徴
第1定理	すべての完全競争均衡はパレート最適となる。
第2定理	任意のパレート最適な配分は、適当な初期保有量からの再配分を通じ、完全競争均衡として達成される。

　パレート最適（効率的）とは、ある個人が今よりも有利な資源配分となるときに、必ず他の誰かが不利になる状態のことをいう。つまり、資源配分に無駄がない効率的な状態といえる。

　市場は、需要と供給のメカニズムにより効率的に資源配分を行う。しかし、市場の失敗があるために、必ずしも最適な資源配分ができるとは限らない。

　市場の失敗が発生するケースには以下がある。

- 外部性（本論点で解説）
- 公共財（【論点6】で解説）
- 不完全競争（【論点16】で解説）
- 自然独占（【論点6】で解説）
- 情報の非対称性（【論点8】で解説）

2 外部性

　外部性とは、当事者以外の第三者に対して便益や損害を与えることである。便益を与える場合を正の外部性（外部経済）、損害を与える場合を負の外部性（外部不経済）という。外部性では、私的限界費用（ある財を1単位生産した際に

企業が負担すべき限界費用）と社会的限界費用（ある財を1単位生産した際に社会全体に対して必要とされる限界費用）を考える。

【 外部性を考慮した余剰 】

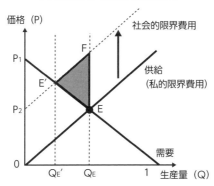

たとえば、ある工場で汚染物を輩出している場合、生産物が1単位生産されるごとに空気が汚染される。汚染された空気の処理にかかる費用は社会的限界費用であり、私的限界費用より大きくなる。汚染された空気の処理には、一企業で負担する処理費用に加えて、行政などが汚染対策などを講じた場合の費用が追加でかかるためである。

ここで、汚染を抑制するために生産物の生産量をQ_EからQ_E'に規制する場合を考える。生産量がQ_E'の場合、社会的総余剰は△$P_1E'P_2$となる。一方、生産量がQ_Eの場合の社会的総余剰は、$P_1EQ_E0 - P_2FQ_E0 = △P_1E'P_2 - △E'EF$となる。双方を比較すると、生産量が$Q_E$の総余剰は、生産量$Q_E'$の総余剰より△$E'EF$の分だけ総余剰が減少している。

汚染物は負の外部経済（外部不経済）をもたらすため、負の総余剰が減少するということは、社会的総余剰は改善することになる。上記の例からは、生産量を規制したほうが、社会的総余剰は改善することを示している。

🖪 外部性の是正手段

外部性を是正するための手段は以下のとおりである。

【 外部性の是正手段 】

名　称	特　徴
コースの定理	パレート最適な状態でないとき、取引費用が無視できるのであれば、経済主体の交渉を通じてパレート最適な状態が可能になるという定理である。つまり自発的な交渉により資源配分が最適に配分される。
ピグー税	社会的限界費用と私的限界費用の差だけ課される税のことである。具体的には、政府が汚染の軽減を図るためにペナルティとして企業に課す税金のことである。
補助金	社会的限界費用と私的限界費用の差を補助金として政府などが拠出することである。具体的には、汚染物の減少した分だけ政府から企業に拠出することで、企業側の自発的な生産量の減少を促すことである。社会的総余剰の改善効果は、ピグー税と同じである。
排出権取引	汚染物の排出量の上限を政府が決めて社会的総余剰を最適化したうえで、どの企業が汚染物をどう排出するかは市場取引に任せることである。
直接規制	外部性を生む財の生産を規制する方法である。

【 ピグー税による最適資源配分 】

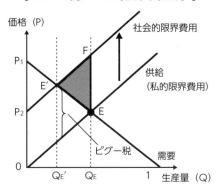

ピグー税を導入した場合の例を示す。先ほど示した例と同様に、汚染物を排出している工場を考える。汚染を抑制するために生産物の生産量をQ_Eから

$Q_{E'}$ に規制したい。この際に、直接規制を行うのでなく企業の自律的行動を促すように、生産量を増やすごとに税金をかける処置をとる（ピグー税）。

　生産量を規制する際に、税金を課して規制することにより、社会的総余剰を最適化することができる。

過去問　令和5年度　第17問　外部不経済の内部化
　　　　令和元年度　第21問　外部性における社会的総余剰

B 論点6 公共財と政府規制

公共財とは、消費の非排除性と非競合性を持つ財のことである。具体的には、警察や消防、テレビ放送などである。政府は費用逓減産業への規制や市場の失敗の是正のため規制する役割を持つ。

1 公共財

公共財は、以下の2つの性質を持つ財である。具体的には、消防・警察、テレビ放送等である。

【 公共財の性質 】

名　称	特　徴
非排除性	特定の人をその財の使用から排除することが不可能ということである。たとえば、対価を支払わない人が消費することも排除できない。たとえば、擦り傷程度で救急車を呼んでしまう人に対して、排除することができない。
非競合性	ある人が消費しても、同時に他の人も消費することができることである。消費する量も減少しない。

2 公共財の問題点

公共財は、非排除性および非競合性を持つために、他の誰かが対価を払うことで、対価を支払わない人も消費することができる。対価を支払わずに消費する人がいるため、本来の需要が把握できず、最適需要量よりも過少の供給量になってしまう。したがって、公共財は十分な量の供給が行われず、最適資源配分が実現しない。そのため、市場に委ねていては、最適資源配分が実現せず市場の失敗が生じる。

このように、ある財を消費し便益を得るが、対価の支払いを拒否する人をフリーライド（ただ乗り）といい、公共財の供給が過少になる問題をフリーライド問題という。フリーライド問題を解決するために、政府や公的機関が公共財の供給を行う必要がある。

❸ 政府の規制

費用逓減産業は、通信、電力、鉄道など莫大な固定費を必要とする産業であり、規模の経済が働く。そのため、生産量が増加するに従って、生産物1単位当たりの費用が逓減する。費用逓減産業には大きく2つの問題点が存在する。

1つは、生産量を増加させるほど他の企業より低い平均費用で生産できるため、市場の寡占化、独占化が進むことになる（独占については【論点16】で説明する）。このような要因で生じる独占は、自然独占と呼ばれる。もう1つは、規模の経済が大きく働いている場合には複数企業に生産を行わせること自体が非効率であることである。

以上のような理由から、費用逓減産業では参入企業を少数に抑えると同時に、独占的な行動をしないように政府が規制をかけるなどの対策をとることが多い。

このような費用逓減産業に対する政府の規制には、以下のものがある。

【 費用逓減産業に対する規制 】

名　称	特　徴
限界費用価格規制	政府が料金設定を行い、完全競争市場で成立する価格と生産量に規制する方法である。
平均費用価格規制	平均費用と等しい価格にするよう価格と生産量に規制する方法である。利潤をゼロとする。
公営企業	ある産業を公営企業の独占とする方法である。過去の国鉄などがよい例である。企業行動を政府が統治しやすい利点はあるが、運営自体が極めて非効率であるという欠点もある。

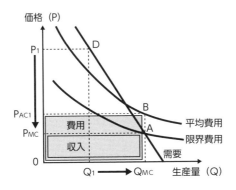

費用逓減産業では市場の寡占化、独占化が進み、高価格（P_1）低量供給（Q_1）の状態が成立する。限界費用（P_{MC}）に価格を規制した場合、生産量はQ_1からQ_{MC}まで伸びる。したがって、このときの収入は□$P_{MC}AQ_{MC}0$となるが、総費用は□$P_{AC1}BQ_{MC}0$となるため、赤字が生じてしまう（前ページの図を参照）。そのため、平均費用に価格規制を行うこととなる。

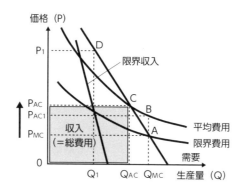

　平均費用（P_{AC}）に価格を規制した場合、生産量はQ_1からQ_{AC}まで伸びる。したがって、このときの収入、費用ともに□$P_{AC}CQ_{AC}0$となり、利潤がゼロとなる。

※補足

　本来、完全競争下では、「価格P＝限界費用MC」が成り立つため、上図点Aで均衡し価格はP_{MC}、供給量はQ_{MC}となる。しかし、自然独占下では「限界収入MR＝限界費用MC」となるように生産量が決められるため、独占価格はP_1、独占供給量はQ_1となる。

4 ローレンツ曲線とジニ係数

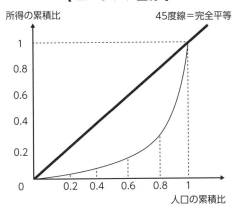

【 ローレンツ曲線 】

　ローレンツ曲線とは、所得の不平等度を比較する際に用いられるものである。ローレンツ曲線は、不平等度が増すと下に膨らむ形状となり、全人口の所得が等しい場合は45度線となる。

　ジニ係数とは、ローレンツ曲線の直線と曲線の間の面積を2倍にした数値のことである。所得が平等に近づくとジニ係数は0に近づき、不平等度が広がると1に近づく。

追加 ポイント

- ある程度の排除性または競合性を持つ公共財を準公共財という。たとえば、道路や教育などである。
- ラムゼイ価格とは、公共事業などの固定費が大きい事業において、採算がとれるという制約条件の下で社会的余剰を最大化しようというセカンドベストな価格のことである。

過去問	
令和3年度　第21問　競合性と排除性	
令和2年度　第21問　費用逓減産業における最適な生産水準	
令和元年度　第17問　準公共財の特徴	

論点7　取引費用概念

取引費用（取引コスト）とは、財・サービスの取引行動に伴い、取引参加者が負担しなければならない情報収集や危険負担などに伴う費用のことである。

1 個人の選好

不確実な状況における個人の選好にはいくつかのパターンが存在する。

【 個人の選好 】

名　称	特　徴
リスク回避的	同じリターンであればリスクが小さい場合を好む。リスクプレミアム（期待値）が0または0より小さい場合、その施策を実施せず、リスクプレミアムが0より大きい場合、施策を実施する。つまり、ローリスク・ローリターンで満足（効用）を得る。
リスク愛好的	同じリターンであればリスクがより大きい場合を好む。リスクプレミアムの値が0より小さい場合に施策を実施する。つまり、ハイリスク・ハイリターンで満足を得る。
リスク中立的	同じリターンであれば、リスクは関係なく同じ選好となる。リスクプレミアムが0より小さい場合、施策を実施しない。リスクプレミアムが0以上の場合、この施策を実施する。ミドルリスク・ミドルリターンで満足を得る。

【 所得と効用水準の関係 】

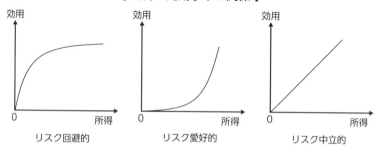

上図より、リスク回避的の場合に限界効用は逓減し、リスク愛好的の場合は、

限界効用は逓増する。リスク中立的は、限界効用は一定である。

❷ 期待効用仮説

リスクプレミアムとは、確実性等価（下図点A）と不確実性に直面した場合の期待（下図点B）との差を表す。確実性等価とは、不確実性があるときの期待効用を与えるような確実な所得の額である。

具体的には、以下のように算出する。いま、効用がU＝$\sqrt{X}$で与えられるリスク回避的な消費者を想定する。この消費者は、50％で100円、50％で400円の所得を得る不確実性に直面している。

期待値＝$(0.5 \times 100) + (0.5 \times 400) = 250$

期待効用＝$(\sqrt{100} \times 0.5) + (\sqrt{400} \times 0.5) = 15$

確実性等価：$15 = \sqrt{X}$が成り立つ場合なので、x＝225

リスクプレミアム＝期待値－確実性等価＝$250 - 225 = 25$

以上より、リスクプレミアムは25と算出できる。

【 リスクプレミアム 】

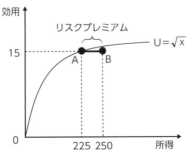

追加 ポイント

リスク回避的の場合、リスクプレミアムは必ずプラスとなる。

過去5年間での出題はない。

論点8　プリンシパル・エージェント概念、情報の不完全性

> 情報の不完全性 (非対称性) とは、売り手と買い手の間で情報が非対称となり、市場取引が非効率になることである。市場の失敗が起き得る原因の1つである。

1 プリンシパル・エージェント概念

依頼人 (プリンシパル) が自らの利益のための労務の実施を他の行動主体者 (エージェント) に委任をする関係をプリンシパル・エージェント関係という。たとえば、株主と経営者、保険会社と被保険者などの関係をいう。プリンシパル・エージェント関係において問題となるのは、情報の不完全性が存在するからである。したがって、インセンティブをいかにしてエージェントに与えるかが問題となる。

2 情報の不完全性

情報の不完全性には、逆選択とモラルハザードがある。

【 逆選択とモラルハザード 】

名　称	特　徴
逆選択	アドバースセレクションともいう。本来市場に流通すべき質の良い財よりも、質の悪い財が流通するようになる現象のことである。性質に関する情報の非対称性が起きている状態である。
モラルハザード	道徳的危険ともいう。ある契約を結んだ場合、当事者間で契約後の行動が観察できないため、契約が想定していた条件に当てはまらなくなることである。行動に関する情報の非対称性が起きている状態である。

3 逆選択 (アドバースセレクション)

逆選択の例としてレモンの原理がよく取り上げられる。レモンの原理とは、中古車市場では事故車ばかりが出回るという現象を意味する。中古車は買ってみないと質がわからないため、良質車であろうと事故車であろうと外見上区別

がつかず、業者は事故車に対する金額しか出さなくなり、良質車を売る人はいなくなる。したがって、中古車市場には事故車ばかりが流通する。

【 逆選択の対処法 】

名　称	特　徴
シグナリング	情報を持つ主体が、持っていない主体に対して、自ら情報を伝えようとすることである。たとえば、品質保証などである。
自己選択メカニズム	情報を持つ側に、情報を開示するように仕向けることである。

4 モラルハザード（道徳的危険）

モラルハザードの例として保険が挙げられる。自動車保険に加入すると事故を起こしても保険金が下りるからと考え、乱暴な運転をしてもよいと考えてしまう。その結果、事故の発生率が上がってしまう。

【 モラルハザードの対処法の例 】

名　称	特　徴
保険の場合	医療費の一部を保険に入っている主体者に負担をさせる契約とする。
雇用の場合	給料を出来高払いにする。

追加 ポイント

- 逆選択とモラルハザードの違いは、逆選択は契約時の話を想定しており、モラルハザードは契約後の話を想定していることである。
- 効率的賃金仮説とは、通常より高い賃金を払うことで労働者の怠慢というモラルハザードを防ぐ方法である。

令和4年度　第21問　逆選択
令和元年度　第19問　情報の非対称性がもたらすモラルハザードについて

B ## 論点9　ゲームの理論

> ゲーム理論とは、相互依存関係にある状況をある種のゲームとみなし、経済主体の行動や均衡状況を分析するものである。具体的には、ナッシュ均衡、囚人のジレンマといった考え方がある。

■ 利得行列

　利得行列とは、ゲーム参加者がある戦略を採った場合に、参加者の利益がどれくらいになるのかをまとめた表である。たとえば、以下は参加する2企業の利得行列である。

【 利得行列 】

企業Bの戦略 企業Aの戦略	戦略B1	戦略B2
戦略A1	(35, 30)	(50, 5)
戦略A2	(20, 50)	(40, 35)

　※（左の数値, 右の数値）＝（企業Aの利益、企業Bの利益）

　たとえば、企業Aが戦略A1を採り、企業Bが戦略B1を採った場合に、双方で得られる利益は、企業Aが35、企業Bが30となる。

☑ ナッシュ均衡

　ナッシュ均衡とは、非協調的行動を取りあう参加者同士で、他の参加者が選択した戦略に対して、各参加者が最適な戦略を採っている状態である。つまり、自分ひとりが戦略を変えても得することはできない状態となっている。相手の戦略ごとに自分の最適な戦略を考えて、その際の組み合わせがすべての参加者で一致する場合がナッシュ均衡といえる。

　上記の利得行列表をもとに、ナッシュ均衡について確認する。

　企業Aにとっての最適な戦略は、以下のようになる。

　・企業Bが戦略B1を採る場合→戦略A1が最適である
　・企業Bが戦略B2を採る場合→戦略A1が最適である

企業Bにとっての最適な戦略は、以下のようになる。

- 企業Aが戦略A1を採る場合→戦略B1が最適である
- 企業Aが戦略A2を採る場合→戦略B1が最適である

以上から、一致する組み合わせ、つまりナッシュ均衡は、企業Aが戦略A1を採用し、企業Bが戦略B1を採用した場合となる。

❸ 囚人のジレンマ

パレート最適とは、互いにとって同時に最も望ましい状況になっていることを意味する。言い換えれば、相手の得られる利益を落とさない限り、どの参加者の利益も向上できない状態である。利得行列表を見ると、ナッシュ均衡は、企業Aが戦略A1を採用し、企業Bが戦略B1を採用した場合となるので、企業Aの利得は35、企業Bの利得は30となる。しかし、企業Aが戦略A2を、企業Bが戦略B2を採用するように互いに結託すれば、お互いにとってナッシュ均衡よりも利得を増やすことが可能となる。

このように、個々の参加者が相手の戦略を考えて最適な戦略を採った場合、つまりナッシュ均衡の際の戦略が、全体として考えた場合に必ずしもパレート最適ではない状態を囚人のジレンマという。

共同で犯罪を犯した囚人2名に対し、2人とも黙秘した場合に懲役2年、1人だけ自白したら自白したほうは釈放だが自白しなかったほうは懲役10年、2人とも自白した場合は双方懲役5年という命題が与えられた際に、その囚人がとる行動から名付けられた。なお、双方の囚人はお互いに事前相談などをすることはできないという条件も付いている。

2人の囚人は、共犯者と協調して黙秘を選ぶべきか、それとも裏切って自白すべきか、という問題である。この場合、協調して黙秘すれば2人とも懲役2年で済むが、双方が自分の利益のみを追求して行動してしまうため、双方が裏切る形になり、結果として2人とも懲役5年となってしまう。

①2人とも黙秘したら双方懲役2年
②1人だけ自白したら自白したほうは
　釈放、自白しなかったほうは懲役10年
③2人とも自白した場合は双方懲役5年

隔離

　各企業は、お互いが協調行動を取ったほうが利得は高まるが、相手の行動がわからないためにお互いが非協調行動を取り、結果として相互の利得が低くなってしまう。このように非協調的行動を取るために囚人のジレンマは発生する。囚人のジレンマは、協調的行動を取ることで回避できる。

　協調的行動を取れば最大利潤を得ることはできるが、たとえば協調的行動で価格を高価格に設定してしまうと、消費者余剰が大きく減少し、死荷重が発生し社会的総余剰は最大化されない。そのため、多くの国では独占禁止法などで禁じられている。企業間の協調的行動の例としては、価格カルテル、数量カルテル、入札談合などがある。

4 支配戦略

　他の参加者がどのような戦略を採ったとしても、自らの選択するべき戦略が1つに決まるとき、その戦略を支配戦略という。

　下記は、企業AとBが、「値下げ」か「価格維持」のいずれかの戦略を選ぶ価格競争のケースを考えた例である。

	B価格維持	B値下げ
A価格維持	(4, 4)	(2, 5)
A値下げ	(5, 2)	(3, 3)

＊利得は（A, B）の順で、単位は億円

①Bが「価格維持」を選んだとき、Aは「価格維持すれば」4億円、「値下げ」すれば5億円がそれぞれもらえるため、「値下げ」が合理的な選択である。

②Bが「値下げ」を選んだとき、Aは「価格維持すれば」2億円、「値下げ」すれば3億円がそれぞれもらえるため、「値下げ」が合理的な選択である。

以上より、Bがどんな戦略をとっても、Aが「値下げ」戦略を選択すべきである。そのため、Aによる「値下げ」戦略を支配戦略という。

また、囚人のジレンマにおいては、各参加者は自白することが支配戦略となる。

5 ミニマックス戦略

自社の損害が最小となる選択をする戦略である。具体的には、企業Aが選択した戦略に対し、企業BはAの利得を最小化する戦略を選ぶ。それに対し、企業Aはその中で自社の利得が最大になるような戦略を選ぶ。このような戦略のことをミニマックス戦略という。

企業Bの戦略 企業Aの戦略	戦略B1	戦略B2
戦略A1	(10, 4)	(0, 5)
戦略A2	(2, 8)	(5, 3)

上記の利得行列表をミニマックス戦略で確認する。

企業Aにとっての最適な戦略は、以下のようになる。

- 企業Bが戦略B1を採る場合→戦略A1が最適である（利得は10,4）
- 企業Bが戦略B2を採る場合→戦略A2が最適である（利得は5,3）

この場合、企業Bにとっては戦略B1のほうが利得が大きいので、企業Bは戦略B1を採る。

企業Bにとっての最適な戦略は、以下のようになる。

- 企業Aが戦略A1を採る場合→戦略B2が最適である（利得は0,5）
- 企業Aが戦略A2を採る場合→戦略B1が最適である（利得は2,8）

この場合、企業Aにとっては戦略A2のほうが利得が大きいので、企業Aは戦略A2を採る。

以上から、企業Aと企業Bがミニマックス戦略を採った場合、それぞれ戦略

A2、戦略B1 を選択することとなる。

　なお、ミニマックス戦略に従った場合、ナッシュ均衡とならない場合もある。

B 論点10 効用理論

> ### ポイント
>
> 効用とは、商品の購入から得られる満足感のことである。効用を表す関数
> が効用関数である。効用関数を表現するために、無差別曲線という概念が
> 使われる。

◼ 効用関数（1財の場合）

　ある1財（X財と呼ぶ）を購入したときの数量と効用の関係を考える。たとえ
ば、X財をピザだと考えた場合、ピザを1枚もらったときに効用が1、ピザを4
枚もらった場合は効用が4だとすると、効用関数は下図のようになる。

【 1財の場合の効用関数 】

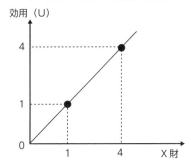

　効用をU、X財の数量をxとすると、効用関数は、

$$U = x$$

と表すことができる。

　この場合、ピザを何枚もらっても新しくもらったピザの満足度が初めてもらっ
たピザの満足度と変わらないということになる。しかし、もらったピザが3枚
目と4枚目とで、効用は同じになるだろうか。すでにお腹がいっぱいの状況で
新たにピザをもらったとすると、新しくもらったピザに対する効用は1枚目に
もらった場合より満足度は低くなるだろう。つまり、追加的な満足度はだんだ
んと減少していくことになる。このように新しくもらったピザに対する満足度
を限界効用といい、限界効用が低くなることを限界効用の逓減という。

【 限界効用の逓減 】

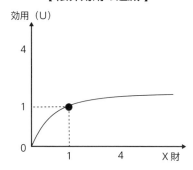

② 無差別曲線の定義

　続いて、財が2財ある場合を考える。ある2財があるときに、消費者は自己の効用、つまり満足感を最大に高めるように2財の消費量の組み合わせを考える。無差別曲線は、ある個人にとって等しい効用をもたらす2財の組み合わせを示す曲線である。

【 無差別曲線 】

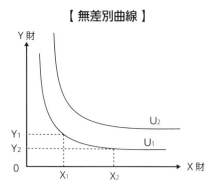

　たとえば、ある2財としてピザとコーラを考える。無差別曲線では、あるピザとコーラの組み合わせ (X_1,Y_1) と (X_2,Y_2) は、同じ効用 (U_1) と表される。また、効用が U_1 よりも高い U_2 となるピザとコーラの組み合わせを無差別曲線に表すと、効用が U_1 より右上にある組み合わせの曲線となる。つまり、消費者の2財の消費量の組み合わせにより無数の無差別曲線が存在し、より右上にあるほうが効用水準は高くなる。

❸ 無差別曲線の種類

無差別曲線には、財の特性よって特殊な形状をした無差別曲線がある。

【 無差別曲線の種類 】

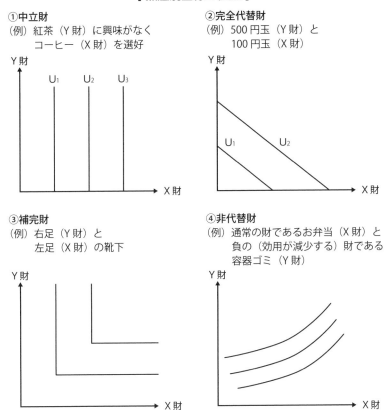

①中立財
(例) 紅茶 (Y財) に興味がなく
　　　コーヒー (X財) を選好

②完全代替財
(例) 500円玉 (Y財) と
　　　100円玉 (X財)

③補完財
(例) 右足 (Y財) と
　　　左足 (X財) の靴下

④非代替財
(例) 通常の財であるお弁当 (X財) と
　　　負の (効用が減少する) 財である
　　　容器ゴミ (Y財)

❹ 限界代替率

限界代替率 (Marginal Rate of Substitution) とは、ある状態からX財の消費量を1単位増加させたときに、効用を一定に維持するために、どれくらいY財の消費量を減らさなければならないかを表すものである。たとえば、ピザとコーラの組み合わせを考えた場合、ピザとコーラの組み合わせ (2枚、3杯) のとき効用が1だとする。ピザを2枚から3枚に増やした場合、効用を1に保つには、コーラをどれくらい減らす必要があるかを考えたものである。

具体的には、今点AにいてX財をX₁からX₂まで増やした場合に、無差別曲線U₁上にとどまるためには、Y財を⊿yだけ減らす必要がある。このとき、限界代替率は直線ABを結ぶ傾きになり、⊿y/⊿xで与えられる。

【 限界代替率① 】

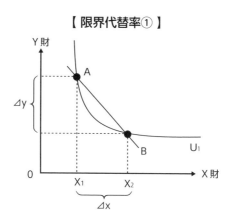

　⊿xが十分小さい場合は、点Aでの無差別曲線への接線の傾きで限界代替率が表される。

【 限界代替率② 】

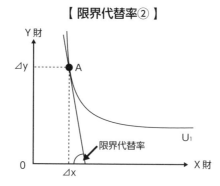

　無差別曲線が原点に対して凸の場合は、限界代替率は減少していく。この性質を限界代替率逓減という。

5 エッジワースのボックスダイアグラム

　無差別曲線を用いて、2人の消費者が2つの財をどのように分けるとパレート最適（【論点5】参照）になるかを説明するものである。

　左下をAの原点O_A、右上をBの原点O_Bとすると、ボックスダイアグラムの中の点Kは、Aから見て（X_A財の保有量, Y_A財の保有量）＝（xa, ya）、Bから見て（X_B財の保有量, Y_B財の保有量）＝（xb, yb）であることを表している。

【 エッジワースのボックスダイアグラム① 】

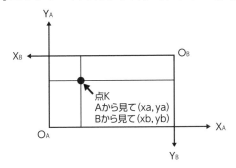

　今、点Kにおいて線分DFに接するAに関する無差別曲線U_A、Bに関する無差別曲線U_Bを考える。U_A, U_Bは点Kにおい線分DFの傾き＝限界代替率が等しく接しているため、一方の効用を高めようとすれば他方の効用を低下させなくてはならない。このような配分はパレート効率的である。

　また、点Kから点LのようにU_AからU_A'、U_BからU_B'へと他の経済主体の効用を低下させることなく、各々の効用を増加さることをパレート改善という。

【 エッジワースのボックスダイアグラム② 】

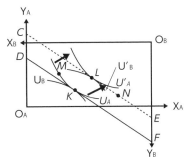

出所：平成25年度・中小企業診断士1次試験問題（中小企業診断協会）

U_AとU_Bの接点すなわちパレート最適な点は無数に存在する。これらの点の集合を契約曲線という。

【 契約曲線 】

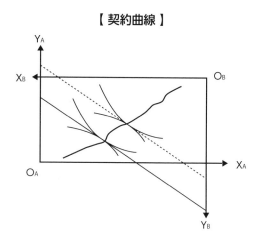

追加 ポイント

- 無差別曲線における単調性とは、2財のうちの片方の財の消費量が増加し、もう片方の財の消費量が変化しない場合に効用が高くなることをいう。
- 無差別曲線は交わらない。

過去問

令和3年度　第15問　無差別曲線
令和2年度　第14問　無差別曲線
令和元年度　第12問　無差別曲線

論点11　予算制約と消費者の選択行動

ポイント

消費者の行動は、所得によって制約を受ける。この制約を定量化したものを予算制約という。予算制約がある中で効用を最大にするX財とY財の組み合わせを表すポイントを最適消費点という。

1 予算制約

予算制約とは、すべての財への支出は所得Mを上回ってはいけないという条件である。これを数式で表すと以下のようになる。

所得M ≧ X財価格P_x × X財消費量X ＋ Y財価格P_y × Y財消費量Y

ただし、合理的な消費者は予算をすべて使い切るため、所得額と消費額が一致する。これをYについて解くと予算制約線が算出できる。

$$Y = -\frac{P_x}{P_y}X + \frac{M}{P_y} \quad 傾き：-\frac{P_x}{P_y}（2財の価格比）$$

【 予算制約線 】

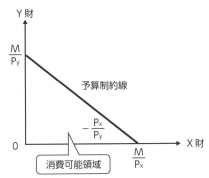

予算制約線とX軸、Y軸の切片で囲まれる三角形の部分が消費可能領域であり、この領域内で自由に2財を消費することができる。

予算制約線は、所得やX財・Y財の価格に依存しているため財の価格や所得が変化すると予算制約線もシフトする。たとえば、X財の価格が減少（増加）すると、X財の予算制約線が右側（左側）にシフトする。所得が減少（増加）すると、

予算制約線自体が内側 (外側) にシフトし、予算制約が狭まる (広がる)。グラフに示すと以下のようになる。

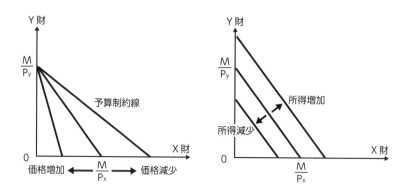

【 予算制約線のシフト 】

項　目	予算制約線のシフト
財の価格の増加	予算制約線が内側にシフトし、実質的に予算制約を減少させる。
財の価格の減少	予算制約線が外側にシフトし、実質的に予算制約を増加させる。
所得 (予算) の増加	予算制約線自体が外側にシフトし、予算制約自体を広げる。
所得 (予算) の減少	予算制約線自体が内側にシフトし、予算制約自体が狭まる。

② 最適消費点

　無差別曲線は右上にあるほうが高い効用を表す。合理的な消費者は、予算制約がある中で、自らの効用を最大化するように2財の組み合わせを決定する。

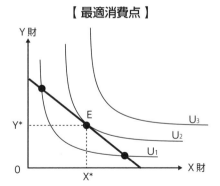

【 最適消費点 】

　具体的には、予算制約線と無差別曲線が接する点Eが最適消費点となる。最適消費点では、限界代替率と2財の価格比が一致する。

　以上より、効用最大化の条件は、最適消費点が予算制約線上にあり、限界代替率と2財の価格比が一致する場合であるので、定式化すると以下のように表現できる。（MRSは限界代替率）

$$\mathrm{MRS}_{XY} = \frac{P_x}{P_y}$$

$$P_x X + P_y Y = M$$

❸ 需要関数

　需要関数とは、財の価格と最適な消費量との関係を表す曲線のことを示し、需要曲線と呼ばれるものである。具体的には、他の財（Y財）の価格と所得水準を一定とした場合の、X財とY財の最適消費量の関係を表す曲線である。効用最大化行動から需要関数を導く過程を次に説明する。

【 需要関数 】

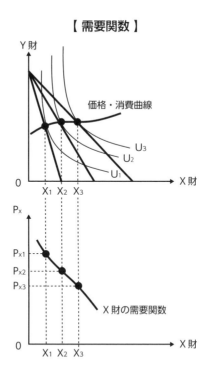

　X財の価格が、P_{x1}、P_{x2}、P_{x3}と減少するに伴い、予算制約線が外側にシフトし、最適消費点は外側に移動していく。X財の消費量はグラフの横軸から求められるので、上記の下の図のように、X財の需要関数が描ける。なお、最適消費点の軌跡を結んだ線を、価格・消費曲線と呼ぶ。

過去問
令和3年度　第16問　予算制約
令和2年度　第13問　予算制約

A 論点 12 代替効果と所得効果

> 価格の変化が消費量に与える効果を価格効果という。価格効果は、代替効果と所得効果に分解することができる。

1 価格効果

価格効果では、財の価格が変化すると予算制約線がシフトし、最適消費点が移動する。具体的には、X財の価格が下落することで最適消費点が E_1 から E_2 へと移動する。

【 価格効果 】

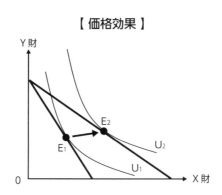

2 代替効果

代替効果は、2財の価格比の変化が消費に与える影響を意味する。具体的には、他の条件が一定（効用水準は一定など）の下、X財の価格が下がった場合、X財がY財と比較して相対的に安くなり、Y財が相対的に高くなる。したがって、X財の消費量を増加し、Y財の消費量を減少させようとする。その結果、最適消費点は、E_1 から E_1' へ移動する。

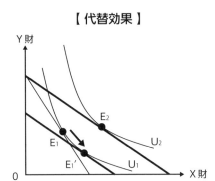

【 代替効果 】

3 所得効果

　所得効果は、実質所得の変化が消費に与える影響を意味する。具体的には、X財の価格の下落により、全体の消費量が増加し、実質的に所得が増加したのと同じ効果がある。X財、Y財がともに上級財の場合、実質所得の増加に伴い、消費量は増加し、効用も増加する。その結果、最適消費点はE_1'からE_2へ移動する。

【 所得効果 】

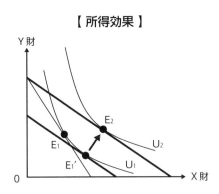

4 所得効果の特性

　所得効果は、財の特性によってその効果が変化する。

　ある財の価格が下落（上昇）した場合、つまり実質所得が上昇（下落）した場合の所得効果は次のとおりである。

【 実質所得が上昇 (下落) した場合の所得効果 】

財の特性	消費量の変化
上級財	消費量は増加する。(減少する)
中立財	消費量は不変である。
下級財	消費量は減少する。(増加する)

5 スルツキー分解の方法

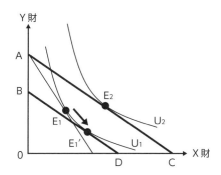

　X財の価格が低下して、X財の消費量がDからCへ変化した場合を考える。予算制約線はACにシフトし、それに伴い、無差別曲線はU_1からU_2にシフトする。このとき、予算制約線ACに平行で、かつ無差別曲線U_1に接する補助線BDを引く。この補助線と無差別曲線U_1の接点が$E_1{}'$となる。

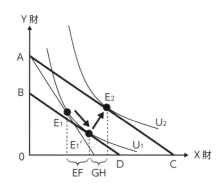

代替効果によるX財の消費量の変化はEFで示され、所得効果によるX財の消費量の変化はGHで示される。上記の場合、X財の価格が下落した場合に、所得効果として消費量が増加しているので、X財は上級財であるといえる。

⑥ ギッフェン財

自らの価格が上昇（下落）した場合に、消費量が増加（減少）するような財のことを、ギッフェン財という。下級財の中でも、代替効果を上回るだけのマイナスの所得効果を持つ財のことである。

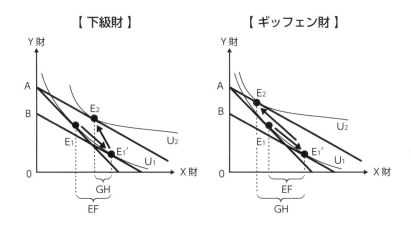

【 下級財 】　　　　【 ギッフェン財 】

下級財は、ある財の価格が下落した際に所得効果が減少する財のことである。上記左の図では、所得効果がGHでマイナスとなっているため、X財は下級財といえる。

一方、上記右の図では、所得効果がGHでマイナスであり、なおかつプラスの代替効果EFを打ち消している。このような財をギッフェン財という。

⑦ 代替効果、所得効果、価格効果のまとめ

代替効果、所得効果、価格効果をまとめると以下のとおりとなる。すなわち、価格下落のケースにおいては、

　　　価格効果＝代替効果＋所得効果

となる。

【 代替効果、所得効果、価格効果のまとめ 】

	代替効果	所得効果	価格効果
上級財	+	+	++
中立財	+	0	+
下級財	++ +	− −	+ 0
下級財（ギッフェン財）	+	− −	−

8 労働供給

労働供給は、余暇と所得という2つの財の選択のモデルとして考えることができる。予算制約は、所得をY、賃金率をw、余暇時間をRとすると、労働時間＝24－Rより予算制約式は、

$$Y=w(24-R)$$

となる。

労働供給の決定について無差別曲線理論を用いて考えるとき、予算制約線と無差別曲線の接点Eにおいて最適な余暇時間と所得の組み合わせが提供される。

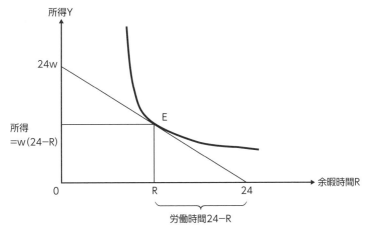

【 最適な余暇時間と所得の組み合わせ 】

次に、賃金率の上昇による労働供給量の変化を考える。ここで、賃金率は余暇の価格であると考えられ、また余暇は上級財である。

賃金率がw_1からw_2へ上昇するとき、最適消費点は無差別曲線U_1上の点E_0から無差別曲線U_2上の点E_2へと変化する。これをスルツキー分解し、代替効果と所得効果の大小により労働供給が増加するか減少する（余暇が増える）かが決まる。すなわち、

所得効果＜代替効果　　→割高になった　　→労働供給量
　　　　　　　　　　　　　余暇の減少　　　　の増加

代替効果＜所得効果　　→割安になった　　→労働供給量
　　　　　　　　　　　　　余暇の増加　　　　の減少

【 賃金率の上昇による労働供給量の変化 】

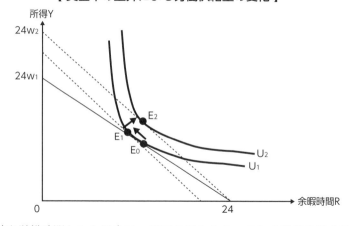

横軸を労働時間とした場合は、以下の図となる。これを労働供給曲線の後屈（バックワードベンディング）という。

【 後方屈曲的労働供給曲線 】

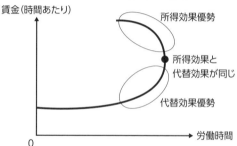

実質所得とは、所得の金額そのものが変化しなくても、ある財の物価が変化することで、入手できる財の数量が変化することである。たとえば、ある財の物価が下がることにより、より多く買うことができるようになるなどである。

過去問

令和5年度　第16問　スルツキー分解
令和5年度　第20問　労働市場の需要供給曲線
令和3年度　第22問　労働市場の需要供給曲線
令和2年度　第15問　代替効果と所得効果

A 論点13 利潤最大化仮説、生産関数と限界生産性、等費用線

ポイント

競争企業の利潤最大化条件は、「価格＝限界費用」で成り立つ。利潤最大化仮説における利潤は費用関数を用いるが、生産関数を使用して考えることもできる。

1 完全競争市場

　利潤最大化仮説を考えるうえで、完全競争市場が前提となる。完全競争市場とは、以下の条件を満たす市場である。

- 市場の供給者と需要者の数が十分に多い
- 個々の市場への参加者の市場全体への影響力は小さい
- 消費者は、完全な市場情報・価格情報などを持ち、情報の完全性が成立する
- 売買される財は同質である
- 市場参入・退出は自由である

2 企業の総収入

　企業の総収入TRは、価格Pと生産量Qの積によって算出される。

　　　総収入TR＝価格P × 生産量Q

　総収入の算出式の価格Pは、一定となる。完全競争市場において、価格は市場全体の取引によって決定されるためである。

3 利潤最大化仮説

　利潤最大化仮説とは、ミクロ経済学の前提であり、企業は利潤の最大化を目指して生産活動を遂行するという企業行動の仮説のことである。

　企業が求める利潤最大化のための条件は、「価格＝限界費用」となる生産量になる。限界費用とは、生産量を1単位増加させたときに、追加で発生する費用のことである。

　価格は、完全競争市場では限界収入（供給量を1単位増加した場合の収入の増加分）と一致する。このとき、価格が限界費用より大きい場合は、1単位生

産量を増加させたときの追加的な収入が費用を上回るため、生産を増やすほど利潤が拡大する。しかし、価格が限界費用より小さい場合は、生産を減らすことで利益が拡大していく。その結果、価格＝限界費用になる生産量において利潤が最大となる。

　以下の図で考えると、総収入曲線TRと総費用曲線TCの乖離幅が最大になる点が利潤最大化の生産量となる。

【 利潤最大化の生産量 】

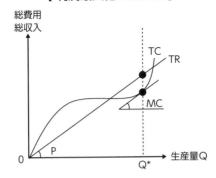

　乖離幅が最大になるためには、総費用曲線TCの接線の傾きMCが市場価格Pに一致すればよい。つまり、価格＝限界費用が成り立つ点の生産量Q*が利潤最大化となる生産量になる。

　微分を用いた具体的な導き方は下記のとおりである。
- 総収入曲線TR＝PQとする
- 総費用曲線TC＝C(Q)とする(C(Q)はQを変数とした関数の意味)

　上記の場合、

　　　企業の利潤＝PQ－C(Q)

となる。企業の利潤を最大化する生産量を求めるためには、企業の利潤を示す関数の微分がゼロとなるQを求めればよい。企業の利潤を示す関数の微分は、

　　　(企業の利潤)′＝(PQ－C(Q))′＝P－C′(Q)＝0

となり、

　　　P＝C′(Q)

が導かれる。この式からQを求めれば、利潤最大化の際の生産量が求められる。

$C'(Q)$ は、生産量を1単位増加させたときに、追加で発生する費用、すなわち限界費用である。

以上の議論は、下記からも確認できる。

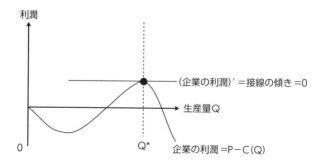

企業の利潤を縦軸におき、生産量を横軸においた場合に、企業の利潤は上図のような曲線になる。企業の利潤が最大化される Q^* において、利潤を示す曲線は最大値を取り、その接線は傾きがゼロとなっている。接線の傾きがゼロということは、利潤を示す曲線の微分がゼロということであるので、価格＝限界費用であることが確認できる。

４ 生産関数（総生産物曲線）

生産関数とは生産要素の投入量に対して、どれだけの生産量を実現できるかを表した関数である。生産要素とは、土地、機械設備、労働、原材料などのように、生産活動で使用されているものを示す。生産要素には、可変要素と固定要素の2つが存在する。

【 生産要素の特徴 】

生産要素	特　徴
可変要素	生産量に伴って必要とされる生産要素 (原材料など)
固定要素	生産量とは無関係に必要とされる生産要素 (工場設備など)

生産量をQとし、生産要素投入量をLとした場合の生産関数は次のように示される。

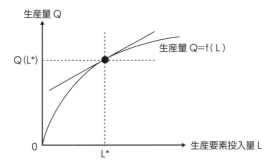

生産量 Q=f(L)

　　生産量Q＝f(L)

　限界生産性とは、生産要素の投入量を1単位増加させたときに増加する生産量である。つまり、限界生産性は、生産関数の接線の傾きで算出される。

5 等費用線

　等費用線とは、総費用のもとで投入可能な生産要素である資本と労働の投入量の組み合わせの範囲を表す。

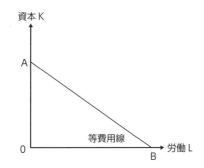

　総費用をTC、労働Lに対する賃金率をw、資本Kに対するレンタル価格をrとすると、以下の費用関数で表される。

　　総費用(TC)＝wL＋rK

　この費用関数を資本Kについて解くことにより求められる等費用関数式は、以下のとおりである。

TC=wL＋rK

rK=TC－wL

K=－（w/r）L＋TC/r

　横軸の切片は資本Kが0であるときであり、TC/wで表される。縦軸の切片は労働Lが0であるため、TC/rで表される。これより賃金率wの上昇は、横軸切片を右方に移動させ等費用線の傾きを大きくするが、縦軸の切片は変わらない。

　一方、レンタル価格の上昇は、縦軸の切片を下方へ移動させ等費用線の傾きを少なくするが、横軸の切片は変わらない。総費用の上昇は、等費用線を右方へ平行移動される。

　なお、上図のように、資本の最大投入可能量は縦軸の切片Aであり、労働が0の場合である。一方、労働の最大投入可能量は横軸の切片Bであり、資本が0の場合である。

　また、生産要素である資本と労働による費用最小点は、等産出量曲線と等費用線の接点（下図のE点）で決定される。（予算制約線と無差別曲線が接する点が最適消費点となる【論点11】と同様。）

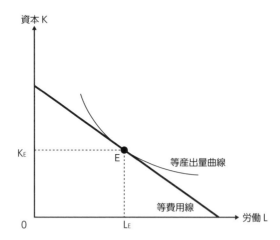

下図のとおり、等産出量曲線は右方に位置するほど、産出量が高い水準となる。

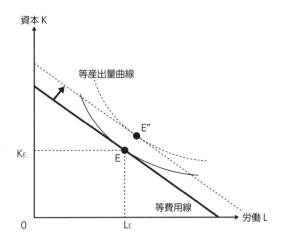

論点14　費用曲線とサンクコスト

ポイント

費用曲線とは、生産量 (=供給量) と費用の関係を表した曲線である。
費用には可変費用と固定費用、サンクコストがある。また、費用の重要な
概念として平均費用、平均可変費用、限界費用がある。

1 費用の分類

費用には、可変費用と固定費用、サンクコストがある。可変費用と固定費用
を足したものが総費用である。

【 費用の分類 】

名　称	特　徴
可変費用	Variable Cost：VC　生産量に応じて変化する費用である。
固定費用	Fixed Cost：FC　生産量によらず一定の費用である。
サンクコスト	埋没費用ともいう。何も生産されていないときでも支払わなければならず、事業撤退などのような選択をしても回収不能となった固定費用のことである。

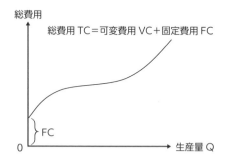

総費用TCを図で示すと、上記のようになる。生産量がゼロのときでも固定
費用FCがかかる。仮に撤退した場合には、固定費用のうち、いくらか返せて、
回収不能な部分がサンクコスト (埋没費用) となる。

② 費用の概念

費用の中で重要な概念として、平均費用、平均可変費用、限界費用がある。

【 費用の概念 】

名　称	特　徴
平均費用	Average Cost：AC 生産量1単位当たりの費用である。 $\text{平均費用 (AC)} = \dfrac{\text{総費用 (TC)}}{\text{生産量 (Q)}}$
平均可変費用	Avarage Variable Cost：AVC 生産量1単位当たりの可変費用である。 $\text{平均可変費用 (AVC)} = \dfrac{\text{可変費用 (VC)}}{\text{生産量 (Q)}}$
限界費用	Marginal Cost：MC 生産量を1単位増加させた際に増加する費用である。 $\text{限界費用 (MC)} = \dfrac{\text{総費用の増加分 (}\varDelta\text{TC)}}{\text{生産量の増加分 (}\varDelta\text{Q)}}$

　平均費用は、総費用 (TC) を生産量 (Q) で除したものであるから、グラフの原点から総費用曲線へ引いた直線と、生産量の軸の傾きを示す。

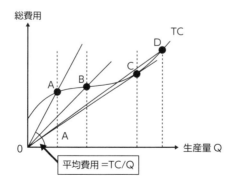

①平均費用

　平均費用を縦軸に取り、生産量を横軸に取ると、平均費用のグラフは右下図のようになる。

　点Aのときと点Bのときを比べると、原点から総費用曲線へ引いた直線の傾きは小さくなっている。そのため、平均費用は点Aのときよりも点Bのときのほうが小さくなる。点Cのときに平均費用は最小値を取り、点Dになるにつれて徐々に増加していく。よって、平均費用をグラフで示すと、点Cの際に最小の値を取る下に凸のグラフとなる。

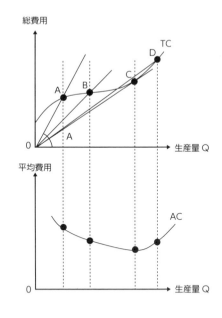

②平均可変費用

　平均可変費用は、総費用のうち可変費用部分のみを生産量で除したものである。よって、平均可変費用は右上図のようにグラフの切片から総費用曲線に引いた直線の傾きを示す。平均可変費用を縦軸に取ってグラフ化すると、右下図のように点Cを最小値とした下に凸のグラフとなる。

　平均可変費用は、平均費用より固定費用の効果分だけ少なくなるため、平均費用より下の値を取ることになる。また、平均費用よりも少ない生産量で最小値を取る。

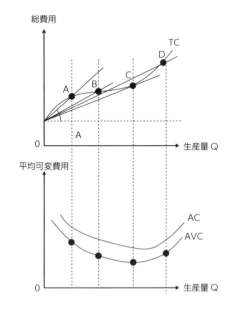

❸ 各費用の関係

各費用のグラフは以下のような特徴がある。

【 費用曲線の特徴 】

名　称	特　徴
平均費用 (AC)	原点と総費用曲線上の各点を結んだ直線の傾きとなる。
平均可変費用 (AVC)	Y軸切片と総費用曲線上の各点を結んだ直線の傾きとなる。
限界費用 (MC)	総費用曲線上の各点の接線の傾きとなる。 平均費用曲線と平均可変費用曲線の最小点を通る。(点B,C)

【 費用曲線の関係 】

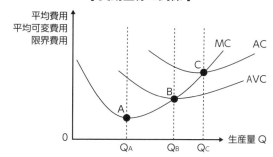

❹ 各費用の算出

総費用TCが生産量Qの関数として以下で与えられた場合、各費用はそれぞれ次のとおりとなる。

$$TC = 224 + 6Q - 2Q^2 + Q^3$$
$$AC = \frac{224}{Q} + 6 - 2Q + Q^2$$
$$AVC = 6 - 2Q + Q^2$$
$$MC = 6 - 4Q + 3Q^2 \,(TCの微分となる)$$

追加 ポイント

- 平均費用 > 平均可変費用が必ず成り立つ。
- 平均費用を最小にする生産量Q_Cは、平均可変費用を最小にする生産量Q_Bよりも大きい。

過去問
令和5年度　第14問　総費用曲線
令和元年度　第16問　費用曲線の損益分岐点と操業停止点

論点15 収穫逓増・逓減、規模の経済性・範囲の経済性

ポイント

平均費用曲線の形状により、規模の経済が働いているかどうかが判別できる。また、平均費用曲線、平均可変費用曲線と限界費用との接点はそれぞれ損益分岐点および操業停止点という。

1 規模の経済と範囲の経済

　平均費用が生産量の増加と同時に低下するとき、規模の経済が働いているという。これを収穫逓増ともいう。一方、平均費用が生産量の増加と同時に増加するとき、規模の不経済が働いているという。これを収穫逓減という。

　以下のグラフでは、平均費用曲線が右下がりの範囲が規模の経済、右上がりの範囲を規模の不経済という。

【 規模の経済と規模の不経済 】

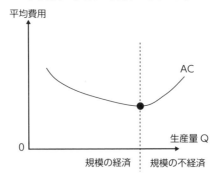

【 規模の経済と範囲の経済 】

名　称	特　徴
規模の経済	平均費用が生産量の増加と同時に低下することである。
範囲の経済	異なる財をそれぞれ異なる企業で生産するよりも、同じ企業で生産するほうが費用は安く済むことである。

2 損益分岐点と操業停止点

損益分岐点とは、利潤がゼロになる点である。一方、操業停止点とは、企業が生産活動をやめる点である。

価格が平均費用より高い場合、利潤は正となり、価格が平均費用より低い場合、利潤は負となる。現在、価格P_Cが成立していた場合、生産量はQ_Cとなる。この際利潤は0となる。したがって、点Cは損益分岐点となり、このときの価格P_Cは損益分岐点価格となる。

点Bと点Cの間で価格が成立している場合、利潤は負となるが、平均可変費用を上回る価格となっている。この場合、企業は可変費用を上回る収入により固定費を賄うことができるため生産を行う。しかし、価格が可変費用を下回った場合、生産を中止し固定費用分のみの損失を負うほうがよい。したがって、点Bは操業停止点となり、価格P_Bは操業停止価格となる。

【 損益分岐点と操業停止点 】

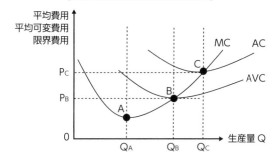

過去問　令和元年度　第16問　費用曲線の損益分岐点と操業停止点

論点16　独占の弊害と寡占下の協調行動・製品差別化と独占的競争①

不完全競争市場とは、消費者や企業が価格受容者であった完全競争市場とは異なり、価格支配力を持つ企業が存在する市場のことである。具体的には、独占市場や寡占市場、独占的競争市場が存在する。

1 独占市場

独占市場とは、1社しか企業が存在しない市場である。

【 独占市場の特徴 】

名　称	特　徴
需要曲線	多くの消費者が存在し、右下がりとなる。
総収入	上に凸なグラフとなる。
限界収入	生産量を1単位増加させた際に増える収入の額 限界収入曲線は、①需要曲線と同じ切片を持ち、②傾きが需要曲線の2倍の曲線となる。 独占市場においては、価格>限界収入となる。 完全競争市場では、価格=限界収入であった。

利潤最大化条件	限界収入＝限界費用となるように生産量を決める。 完全競争市場では、価格＝限界費用であった。

　完全競争市場では消費者や企業が価格受容者であったため、取引量を変化させても価格は変化しなかった。一方、独占市場では、取引量が変化すれば価格が変わることを意識して企業が行動をするため、下記のように需要曲線は右下がりとなる。

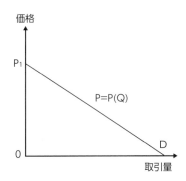

　独占企業の利潤は、収入－費用であり、収入を $P(Q) \times Q$、費用を $C(Q)$ とすると、

　　　企業の利潤＝ $P(Q) \times Q - C(Q)$

となる。

　独占企業の利潤を最大化する条件は、完全競争市場と同様に、企業の利潤の微分がゼロとなる場合である。よって、利潤最大化の条件は、

　　　$(P(Q) \times Q - C(Q))' = 0$

　　　$(P(Q) \times Q)' = C'(Q) =$ 限界費用（MC）

となる。

　$(P(Q) \times Q)'$ は、生産量を1単位増加させた際に増える収入の値、すなわち限界収入を示すので、独占企業の利潤最大化の条件は、

　　　限界収入（MR）＝限界費用（MC）

であるといえる。

ここで、$P(Q) = -bQ + P_1$ と仮定すると、限界収入は、

$$MR = (P(Q) \times Q)' = -2bQ + P_1$$

となり、以下の図のようになる。

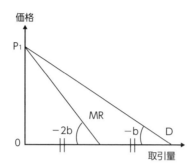

② 独占市場における余剰分析

独占市場では、限界収入（MR）＝限界費用（MC）で利潤最大化となるように生産量を決める。したがって、生産量は下図のQ^*となる。この場合の消費者余剰は△$P_1E^*P^*$、生産者余剰は□$E^*P^*P_2A$となり、総余剰は□$P_1E^*AP_2$となる。

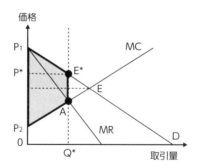

完全競争市場の場合、価格＝限界費用で生産量が決まるため、総余剰は、△P_1P_2E となる。以上より、独占市場の場合は、完全競争市場と比較して総余剰が△EAE^* だけ減少している。つまり、死荷重△EAE^* が発生する。

【 完全競争市場の余剰分析 】

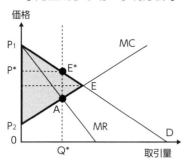

【 独占市場の余剰分析 】

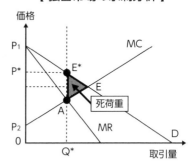

追加 **ポイント**

- 独占市場は、低供給、高価格が実現するため、総余剰は減少する、つまり死荷重が発生する。
- 独占企業は、価格支配力を有する。これをプライスメーカーという。

過去問
令和5年度　第19問　独占市場における余剰分析
令和3年度　第19問　独占市場における余剰分析

論点17 独占の弊害と寡占下の協調行動・製品差別化と独占的競争②

ポイント

寡占市場とは、少数のプライスメーカーが存在する市場のことである。寡占市場においても、限界収入と限界費用の一致により利潤最大化の生産量が決定される。

① 寡占市場

寡占市場には代表的なモデルとして3つある。

【 寡占市場のモデル 】

名　称	特　徴
クールノー均衡	生産量を戦略変数とする。 相手企業の生産量を所与として、自社の生産量を最適化するよう行動する。クールノー均衡は、各企業の反応関数の交点となる。クールノー均衡Nでは、企業Aの利潤最大化Q_Aの生産量と、企業Bの利潤最大化の生産量Q_Bが同時に決定される。 企業Bの生産量 企業Aの反応関数 クールノー均衡N Q_B 企業Bの反応関数 0　Q_A　企業Aの生産量
ベルトラン均衡	価格を戦略変数とする。 相手企業の価格を所与として、自社の利潤最大化を図る場合の価格の組み合わせを決定するよう行動する。
シュタッケルベルク均衡	生産量を戦略変数とする。 一方の企業が先導者となり、もう一方が追随者となる場合の生産量の組み合わせを決定する。

❷ 屈折需要曲線

屈折需要曲線は、寡占市場における価格の硬直性を説明するものである。寡占市場で競合するA社とB社では、A社が値下げを実施すると、B社も追随して値下げを実施するので、A社は想定したほど需要は増加しない。また、A社が値上げをした場合は、B社は価格を据え置くので、A社は想定以上に需要を奪われる。その需要曲線を描いたものである。

【 屈折需要曲線 】

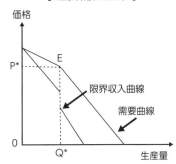

❸ 独占的競争

独占的競争とは、独占と完全競争の中間のモデルである。具体的には、次のような特徴を持つ。

- 多数の企業が存在し、各企業のシェアは小さい
- 各企業の製品は差別化されており、自社製品に対する価格支配力を持つ
- 長期的な市場への参入・退出が自由である

独占的競争下では、企業は他の企業との相互依存関係を考慮せず行動し、自社製品に対しては、独占企業と同じ行動を取る。

追加 ポイント

製品差別化とは、製品が代替財であるが消費者に異なるものと認識されている状態である。

令和2年度 第20問 独占的競争市場
令和元年度 第13問 市場のパターンと企業の価格設定

【 参考文献 】

1. 『速習！ミクロ経済学』石川秀樹著　中央経済社

2. 『速習！マクロ経済学』石川秀樹著　中央経済社

3. 『入門　経済学ゼミナール』西村和雄著　実務教育出版

【編者】

中小企業診断士試験クイック合格研究チーム

平成13年度以降の新試験制度に合格し、活躍している新進気鋭の中小企業診断士7名の研究チームであり、2次試験対策で毎年ベストセラーである『ふぞろいな合格答案』の執筆者で占められている。

メンバーは、山本桂史、梅田さゆり、志田遼太郎、中村文香、山本勇介、赤坂優太、大久保裕之。

上記研究チームのメンバーは診断士試験の受験対策だけでなく、企業内での業務改善に取り組んだり、全国各地の創業支援・事業継承・新規事業展開ならびに人事改革のコンサルティングやセミナーなどを通し中小企業支援の現場に携わっている。

本書「経済学・経済政策」は、山本桂史により執筆。

本書出版後に訂正（正誤表）、重要な法改正等があった場合は、同友館のホームページでお知らせいたします。

2023年12月10日　第1刷発行

2024年版
中小企業診断士試験 ニュー・クイックマスター
① 経済学・経済政策

編　者　中小企業診断士試験クイック合格研究チーム
山　本　桂　史
発行者　　　　　　　　脇　坂　康　弘

発行所 株式
会社 同友館

〒113-0033 東京都文京区本郷2-29-1
TEL. 03 (3813) 3966
FAX. 03 (3818) 2774
URL https://www.doyukan.co.jp

落丁・乱丁本はお取替えいたします。　　KIT / 中央印刷 / 東京美術紙工
ISBN 978-4-496-05674-1　C3034　　　Printed in Japan

同友館 中小企業診断士試験の参考書・問題集

2024年版 ニュー・クイックマスターシリーズ

- **1** 経済学・経済政策 ────────── 定価2,200円（税込）
- **2** 財務・会計 ────────── 定価2,200円（税込）
- **3** 企業経営理論 ────────── 定価2,310円（税込）
- **4** 運営管理 ────────── 定価2,310円（税込）
- **5** 経営法務 ────────── 定価2,200円（税込）
- **6** 経営情報システム ────────── 定価2,200円（税込）
- **7** 中小企業経営・政策 ────────── 定価2,310円（税込）

2024年版 過去問完全マスターシリーズ

- **1** 経済学・経済政策 ────────── 定価3,300円（税込）
- **2** 財務・会計 ────────── 定価3,300円（税込）
- **3** 企業経営理論 ────────── 定価3,850円（税込）
- **4** 運営管理 ────────── 定価3,850円（税込）
- **5** 経営法務 ────────── 定価3,300円（税込）
- **6** 経営情報システム ────────── 定価3,300円（税込）
- **7** 中小企業経営・政策 ────────── 定価3,300円（税込）

中小企業診断士試験１次試験過去問題集 ────── 定価3,740円（税込）
中小企業診断士試験２次試験過去問題集 ────── 定価3,630円（税込）
新版「財務・会計」速答テクニック ────── 定価2,420円（税込）
診断士２次試験 事例Ⅳの全知識＆全ノウハウ ────── 定価3,520円（税込）
診断士２次試験 事例Ⅳ合格点突破 計算問題集（改訂新版）───── 定価2,860円（税込）
診断士２次試験 ふぞろいな合格答案10年データブック ─── 定価4,950円（税込）
診断士２次試験 ふぞろいな答案分析７（2022～2023年版）────── 5月発売
診断士２次試験 ふぞろいな再現答案７（2022～2023年版）────── 5月発売
診断士２次試験 ふぞろいな合格答案エピソード17 ────── 7月発売
２次試験合格者の頭の中にあった全知識 ────── 7月発売
２次試験合格者の頭の中にあった全ノウハウ ────── 7月発売

https://www.doyukan.co.jp/

〒113-0033　東京都文京区本郷 2-29-1
Tel. 03-3813-3966　Fax. 03-3818-2774